蘇綏蘭 著

意外的主廚

蘇綏蘭的創意料理與人生故事

序言

意外的主廚，不意外的成功

蘇綏蘭（Susanna）女士出生在一個戰亂動盪的時代，童年隨著將軍父親流轉來台入住高雄眷村，在那生活並不富裕的成長歲月裡，她擁著幸福滿滿的親情伴隨長大。求學時期，以雄女高材生考上了台大歷史系，畢業後在那個「來來來台大，去去去美國」年代，偕同未婚先生留學美國，也為其日後移民美國，繼而在近不惑之年才掌舵開餐廳的人生轉場，揭開了精彩的序幕。意外廚師蘇女士，走過了酸甜苦辣的輾轉人生，也烹過唇齒留香的無數美食，開過高朋滿座的著名餐廳，得過讚譽不絕的廚藝桂冠，這些歷程註定要成就「意外的主廚」不意外的成功！蘇女士餐廚事業得以成就非凡，綜合歸納有八個主要因素：

一、天賦與家傳：天生遺傳自母親極敏銳的舌頭，已經預告了她天賦廚師的潛能；而家傳自奶奶、婆婆、堂嫂所擅長家鄉菜的私房功夫，正是造就日後卓越廚藝的養分及基本功。

二、轉折與堅韌：回台又離台，跟隨頂著留美機械博士光環的丈夫，卻毅然辭去清大材料所所長，轉赴美國「棄學從產」開餐館；初入美國社會，獨自面對職場霸凌，因交通罰單未繳入看守所受歧視的新移民委曲，以及公婆餐廳可能面臨破產的危機等。面對這些意外的轉折及挫折，蘇女士充分展現了華人婦女隨夫、為家堅忍茹苦，認命卻不屈的女性堅韌！

三、貴人與推手：美國廚藝學院（CIA）創辦人及校長雅各布·羅森塔爾傾囊相授的知遇之恩，是最大貴人，引領她進入美食世界一窺堂奧，蘇女士直覺「校長就是上帝派來的天使」。另一方面，先生傳衣信在外場經營，為搭配內場美食，下足功夫品酒選酒、設計菜單、出菜方式、餐儀模式等，成為女主廚的最佳男配角，而餐廚生涯的相伴隨及全力支撐，使蘇女士得以闕闕難過闕闕過，先生著實為她餐廚生涯的最力推手，亦是終身摯愛。

四、鑽研與創新：她赴ＣＩＡ學習、加入法國國際美食協會，為她美食廚藝打開了竅門，不再去揣摩顧客「習慣的中國菜」，擺脫傳統框架，不斷研究新菜色，反而博得顧客的心，故她時時提醒自己要發揮創意。譬如先生自創的冬瓜雕花即獲得中國藝術的美譽。為順應美國人飲食習慣，重新融合、靈活創造自己風格，使其廚藝得以卓越，不僅招來饕客的絡繹青睞，亦為其贏得無數的廚藝桂冠。

五、啟蒙與心法：拜法國三星級米其林餐廳之旅所賜，啟發了她以法式料理為本做中國菜：「用法式醬汁作法，以中國香料來調製」是她烹飪的特色。她展現對餐廳與菜餚想法的第一個突破點，就是「上菜方式」。口碑來自好味道的記憶，關鍵在於「醬汁與高湯」，而「法國菜的靈魂就是醬汁」！這些巧技要領正是她美食圖譜的心法。

六、紀律與風格：「廚房一定要有紀律！」她規範廚房，嚴格要求廚師依標準程序作業，目標維持菜品質量穩定，此乃締造好口碑的首要條件。「追求品質不必想太多，直視事情的本質就好」；而追求自我創新之時，她仍帶領廚師團隊維持品質穩定。餐廳顧客著盛裝入餐，讓餐廳變得高檔講究，賦予了中餐廳高級化的新風格。

七、跨文化包容：飲食文化本各有其道，蘇女士以華人飲食為基底，融合萃取了歐洲的法、義，亞洲的泰、馬等各國菜餚精華，所構創美食能納四海之博，讓挑剔饕客垂涎登門買單。因政府播遷來台，使得大陸南北各地菜系在台灣融合滙集，蘇女士將之揉合了歐美菜餚精髓，進而開創出「中菜為體、西餐為用」的跨文化飲食。

八、順命與應運：一趟米其林之旅合併了她「不得不」與「甘願做」的心，篤定廚藝的人生方向。從接掌公婆風雨飄搖的「湖南」、結束盛極一時的「蘭苑」，到新開「SuGa」的餐廳旅程，對於物換星移，她始終相信有緣人會相遇。以「做菜」為職志的人生歷程，蘇女士贏得多項廚師界的極高殊榮、出版了兩本獲美食界大獎的食譜書，報章雜誌對其佳評如潮，榮耀不斷獲獎無數，印證了「天道酬勤、業道酬精」。

讀完Susanna的生命故事，宛如看完一部長篇的傳記電影，也如同欣賞了一場時而波濤澎湃、時而婉約輕訴的交響樂曲，相當引人入勝！本書不只瀏覽了蘇女士傳奇不凡的餐廚人生，亦可從中領略到創新美食之奧妙，餐廳成功經營之道，並詳實傳達了「中華美食輸出」之要訣（這是高餐大一直重視的課題）。此外，書中襯托著動盪的大時代背景，隱約刻劃了普遍存乎華人社會傳統的父權束約禮教，亦鮮活記錄了台灣人移民美國求生圖存、成敗起伏的辛酸淚史。本書堪為青年人餐飲創業的借鏡，指引了一條如何披荊斬棘邁向康莊大道之蹊徑，也可為中年創業者注入一針鼓舞鬥志的強心劑。總之，蘇女士意外的廚藝人生造就了中華與歐美飲食之巧妙融合，賦予中菜新生命，亦為中華美食的輸出綻放了耀眼光芒，堪稱一代廚藝大師！

國立高雄餐旅大學校長
陳敦基

目錄

序言 意外的主廚，不意外的成功 陳敦基 …… 2
楔子 難忘的高光時刻 …… 10
第一篇 出生與童年 1943～1955 …… 15
第二篇 從蘇小妹到蘇小姐 1955～1967 …… 53
第三篇 初探美國與成家 1967～1972 …… 107

第四篇 從學術走向產業 1972～1979 …… 145
第五篇 深入家族的餐飲事業 1979～1987 …… 189
第六篇 獨立創業大放光芒 1987～2009 …… 261
第七篇 反思我的意外人生 2009 …… 353
附錄 獲獎紀錄 …… 374

楔子

難忘的高光時刻

一九九七年五月五日晚間，紐約馬奎斯萬豪酒店貴客盈門，陸續湧進的來客幾乎都是同業，因為有「烹飪界奧斯卡」之稱的詹姆斯．比爾德基金會獎（James Beard Foundation Awards）即將在此舉辦年度盛會。

詹姆斯．比爾德基金會獎是表彰美國傑出主廚、餐廳，以及與烹飪類相關的圖書、新聞媒體、設計等重量級獎項，它的形式與性質，跟電影界的奧斯卡金像獎神似，會提前公布入圍名單，並邀請所有可能獲獎者蒞臨盛會，大家齊聚一堂，在緊張且歡樂的氣氛中逐項頒發年度大獎。

那晚，最佳主廚獎揭曉的那一刻，來自賓州費城的Susanna Foo在音樂聲中起身，從容走上頒獎台，聚光燈投射在她的笑臉上，在場所有人熱烈鼓掌向這位亞裔女主廚致敬。這不僅是她個人的成就，也是中國飲食文化的榮光時刻。

這場盛會的參與者全是烹飪界資深人士，記憶力不錯的人立刻想起，這位Susanna Foo並非第一次上台領獎，全美廚師幾乎人手一本還頻頻被報導的食譜*Susanna Foo Chinese Cuisine: The Fabulous Flavors & Innovative Recipes of North America's Finest Chinese Cook*，才在去年贏得詹姆斯·比爾德基金會獎的「國際食譜獎」，換言之，這位女士接連兩年拿獎，實力驚人。在此之前，從來沒有中國人或中國菜得過此等榮譽，她讓中國菜成為美國飲食文化的主流，更開啟女性在美國廚藝界崛起的先例，她在熱烈掌聲中接受大家的致敬。

Susanna Foo女士，中文名字叫做傅蘇綏蘭，很多老外提起她會說：「喔，我知道，創意中國菜！」她以中國傳統菜為基礎，融合了法國菜基本技術，眾多餐廳至今仍以能邀她指點幾招而自豪。她和夫婿傅衣信開的蘭苑餐廳（Susanna

1997 年獲詹姆斯・比爾德基金會獎的最佳主廚獎

Foo Chinese Cuisine），開張幾個月就拿下「美國十大最佳新餐廳」，成為外地人來到費城必訪的知名餐館，很多人在這裡重塑對中國菜的新印象。

台大歷史學系畢業，在中研院短暫上過班，留學攻讀的是圖書館學碩士，也真的進入美國大學圖書館工作了。這樣一位女性為何走進餐廳，最後在異國變成名廚？這個彎轉得之大，連好萊塢編劇都不太敢這樣寫，不知史上最強的占卜師能不能算出這一卦。如今年逾八十的她笑著說：「我於中國出生，在台灣長大，到美國留學和成家，三十八歲那年才進入美國廚藝學院受訓。在此之前，從未想過自己有一天會變成廚師，真的很意外。」

走上主廚這條路，對蘇綏蘭而言是一場意外之旅，卻成為人生後半場奏鳴曲的主旋律，這個命運的轉折離奇又艱辛，但她感謝上蒼的安排，能在他鄉找到志趣，真心愛上做菜。

這是個單純卻曲折、淡遠又衝突的人生成長故事，為中國老祖先的禍福倚伏、人世無常做了最佳見證。除了事業上的成就，蘇綏蘭最值得敬佩的地方，是把生命送給她的苦難和喜樂視為禮物，歲歲年年，感恩且珍惜地走好每一步。

第一篇

出生與童年

1943～1955

我是在戰火中出生的健康寶寶

我叫蘇綏蘭，父親替我取名時，把出生地標註在裡面。一九四三年，我生於綏遠省一個名為五蘭廟的小村莊，地點屬於現今的內蒙古自治區，已改名為呼和浩特市，蒙古語的意思是青色之城。

出生那年，正逢八年對日抗戰的中後期。我父親是在前線作戰的軍人，母親獨自在五蘭廟把我生下，是個十磅重的結實寶寶。儘管她從小在馬背上長大，又是運動好手，第一胎的巨嬰讓她吃足苦頭，加上身邊沒有長輩指點，她完全不懂得如何照料產後的自己，只憑本能在慌亂中餵飽小嬰孩。我很感激母親的堅強，也遺憾她後來得了氣喘，付出一輩子健康為代價。

父親是我的太陽，我的理性與明朗性格，是他賜予我的厚禮。他是個很有個性的軍人，後來成為將軍，更是我生命的明燈。我對事業其實沒有太多企圖心，幸有他的教誨而養成把事情做好、做徹底的習性，或多或少結了一些善緣，無心插柳，成就了一點點紀錄。

母親則是我的月亮，在手足之中，我是長得比較不像她的那一個，我曾遺憾沒遺傳到她的美貌，但在意外成為廚師後，才知道她賜予我天生敏銳的味蕾，加上從小吃清淡麵食長大，能記得嚐過的所有味道，讓我比許多人更能掌握到食材的原味，也才明瞭她給我的這份禮物有多麼珍貴。

一如許多走過戰亂、動盪的中華兒女，我們的人生經歷可串出一道軌跡，這道軌跡是個人的命運，集合起來，卻是整個民族與家國的歷史。我們渺小的活著，卻形成歷史的一隅。

孔老夫子說過，他的人生「七十而從心所欲，不踰矩」，可惜他沒能更長壽，讓我們知道後頭的年齡還能追求什麼境界。如今，年逾八十的我住在美國，來往於台灣與中國，有能力飛向世界任何地方，我經歷過生離死別、興衰毀譽，嚐過慶幸與悔恨，對於人生，我內心充塞滿滿的感激。

我決定敞心訴說自己的故事，分享給對於過往年代萬分陌生的年輕人、給在兩岸不同環境中成長的同胞、給有相似生活經驗的台灣鄉親、給嚮往美國生活的華人、給對廚藝世界感到興趣的同好，以及喜歡聽故事的朋友們。

感謝上天恩賜我來世界一遭，遇到美好的雙親、手足、夫婿與兒孫，找到美好的興趣。

我的父親蘇揚志，黃埔軍校十一期生

我的祖籍是山西省平遙縣的蘇封村。平遙是個文化古城，亦是中國銀行業的發源地，許多知名晉商發跡於此，甚至曾有傳說，中國大半數的白銀藏在山西省榆次、太谷、祈縣、平遙等城市。

父親蘇揚志

我的爺爺一共有七個兒女，我父親蘇揚志誕生於一九一四年，排行老么。奶奶趙氏十六歲出嫁做為續絃，在這段婚姻之前，爺爺與他的亡妻已有個六歲的兒子。

爺爺家務農，做事殷實有些經營頭腦的他，從一小塊田地白手起家，最後竟成為村里間的大地主，卻也因識字不多而吃過不少虧，因此十分重視子女的教育。

在爺爺的薰陶下，父親自幼養成刻苦耐勞的堅毅性格，加上課業成績出色，所以高小畢業後便離家求學。他先到百來公里遠的省會太原，就讀知名的平名中學，接著又到北平讀高中，成為蘇封村第一個去北平讀書的子弟，讀的是弘達學院。而大哥的長子只比他小兩歲，這個親如弟弟的姪子，爺爺也出資送他去念北京體育學院。

爺爺滿心期待為蘇家栽培出一個大學生，然而那個年代的中國充滿苦難，父親感悟到沒有國哪有家，一九三四年高中畢業便投筆從戎，報考中央軍校，成為黃埔第十一期學生，這個決定卻令他父親萬分遺憾。

盧溝橋事變被視為對日抗戰的正式起點，然而在此之前，因為日軍的挑釁衝突不時發生，許多地方已動盪不安，我雙親的老家山西與綏遠即是如此，大家都很緊張，知道戰爭一觸即發。

當時中央軍校設於南京，一九三七年盧溝橋事變爆發後，南京城被日軍嚴重轟炸，軍校遷往郊區靈谷寺上課，父親正好碰上這段歷史。同年八月二十七日晚上，中央軍校接獲統帥的緊急命令，要求應屆畢業生奔赴上海加入前線對日作戰，父親和所有十一期軍校生全副武裝投入戰爭，據說蔣中正校長特別從江西趕往火車站送別，臨行前叮囑這群年輕學生保家衛國。

許多報導和文獻說，第十一期黃埔軍校生傷亡最慘重，畢竟這是剛養成的一群軍官，來不及漸進接觸戰爭，立刻被投入最前線。父親是其中一員，雖然幸運存活下來，但他極少向我們提及這一段，或許是太過慘烈不忍回憶，很多畫面的描述不適合講給小孩聽。

一九三八年父親以少尉排長身分奉派加入湯恩伯將軍的部隊，參與了台兒莊戰役和徐州會戰，這兩大戰役在中日戰爭史上是出名的慘烈。父親曾說，他們最後一批上戰場時，滿地都是大刀隊友的屍體，個個赤裸著上身，頭上和腰間都纏著紅布，和敵人廝殺後的身軀殘破不堪，而軍隊要前進幾乎找不到空地，必須忍痛踩過同袍的屍首才能落腳一步步向前挺進，這片殘酷景象深深刻在他的腦海，每到深夜便令他難以入眠。

後來陪父親聊天時，他提及自己曾經挖戰壕，把兩門戰防砲藏在壕溝中，成功打爆兩部日本戰車。他以開玩笑的口吻訴說自己曾遭遇幾次生死劫難，與死神擦肩而過，雖然語氣一派輕鬆，但我每每想像戰場上的殺戮就不寒而慄，萬一，我是說萬一有那麼一點點不好的運氣，我們是不是就會失去父親？

我的母親武佩英，賜我敏銳的味蕾和嗅覺

我的母親武佩英一九二一年出生於綏遠省包頭市的一個書香世家，家境寬裕，身為老么的她是父母的掌上明珠，還有兩個疼愛她的哥哥。我外婆是篤信天主教的內蒙古人，我母親有漢蒙血統，擁有深邃的五官、一百七十公分的高眺身材，挺直的鼻梁讓她看上去帶點異族的美，眉宇間還有一股英氣。她在馬背上長大，求學時成為綏遠中學的籃球校隊，是學校的風雲人物。

一九三三年，日軍計畫染指綏遠，地方上很不平靜，姦淫擄掠、燒殺搶奪之事時有所聞，很多人擔心家中女眷的安危，甚至不敢讓孩子去上學。當年我母親才十二歲，外婆決定把女兒的頭髮剃成小平頭，打扮成小男孩模樣，以免遇到日

母親武佩英

軍被欺凌，這個無奈之舉保全她可以平安的上學和成長。過程中，武家三個子女發展變得分歧，據母親說，大舅因外婆的寵溺變成紈褲子弟，沉迷於吸鴉片和賭博；二舅去讀了中央軍校，投入對日抗戰；年紀最小的她則在十六歲那年隨校遷移逃難，永遠離開了家。

「我媽站在門口哭，一邊要我趕緊走，一邊又喚住我，叮囑要好好照顧自己。我以為離家是暫時的，沒想到這竟是最後的訣別。」母親憶起離家的畫面，無論說起多少回，她的語氣永遠滿是悲傷遺憾。

當時日本侵華戰爭打得如火如荼，年輕學子個個義憤填膺。她和幾十名綏遠中學的同學們，跟著教務主任烏蘭夫從歸綏（今呼和浩特市）出發，打算穿越伊克昭盟（今鄂爾多斯市）附近的大沙漠，然後轉向南方，到延安加入抗日隊伍。

那位教務主任烏蘭夫是中共在綏遠內蒙古地下黨幹部，日後成為中國國家副主席，有「蒙古王」之稱，當年他帶領學生前往延安的計畫不難想像。

這趟路程要穿過河套、走過荒漠戈壁，有些地方得涉過黃河支流，風沙乾旱加上晝夜溫差大，相當艱困難行。我母親和一群女同學討論後，覺得超過自身能力不該逞強，考慮家鄉已被日軍占領，折返已不可行，她提議去找自己的二哥，可能駐守在國軍後方的傅作義部隊，大家覺得可以嘗試看看，便脫隊改變路線。

茫茫人海尋人不易，所幸她知道二哥的部隊番號，不僅沒迷路還順利找到駐軍。母親和她二哥重逢了，她們待在國軍部隊附近，在戰爭中有了偏安的一隅。

當年只要環境稍微許可，國軍盡可能讓學校運作，即使教材殘缺、教師不足也會盡力復課，因為軍方知道年輕人是國家的希望，不敢讓大家的學習中斷，所以她們好一段時間仍可繼續上學。

長大後我常想，母親的命運轉折點應該是在脫隊去找二哥的那一刻吧！在前進危難、後退無望的情況下，她毅然改變路線，這個決定左右了她後來的人生，也令她和我父親的命運綁定在一起。如果當年她有所猶豫，或許就不會有我和弟弟們的出生。

經二舅介紹，我父母相遇決定相守

我的父親蘇揚志當時也駐守在二舅部隊的鄰近地區，軍階為上尉連長；他倆同為中央軍校十一期同學，彼此熟識且互為好友。後來二舅居中牽線，介紹好友與妹妹認識。

儘管有七歲的年齡差，我父親那年二十六歲，對好友的小妹妹一見鍾情。他非常喜歡這個性格活潑、落落大方的女孩，只要得空，他就約她一塊兒打籃球或騎馬。女孩從小活躍於馬上，常常笑他騎技太差，兩人談天說地聊未來，周遭的人都感覺這一對大概是成了。

我的父母談了一年戀愛就決定結婚，把彼此的人生繫綁在一起。動亂時代裡無法講究排場，有個簡單隆重的婚禮，有哥哥、同學和朋友做見證，已經彌足珍貴。他們在綏遠互訂終身，儘管雙方家長都不在身邊，還是成了家。就這樣，我母親從武小姐變成了蘇太太。

戰爭中，誰也不知無常何時會降臨，也許一顆砲彈丟下來，一切灰飛煙滅。正因為這樣，如果有幸遇到喜歡的人，誰也不願意蹉跎，更不會現實盤算條件夠不夠好，只想抓住可以在一起的每個瞬間。

在綏遠的最後時光，母親始終未能和老家聯繫上，她的媽媽也無法看到女兒成親和懷孕生子。而我就在這時出生，母親帶著我跟隨部隊移動，父親升上營長後，先後安排我們住過綏遠、河南、陝西和上海租界。我在綏遠出生兩年後，一九四五年大弟勵平在河南出生，一九四七年二弟勵明在陝西出生，這個小家的成員愈來愈熱鬧。

母親自小備受疼愛，可惜常生病。可能戰時懷我、育我的時候營養不夠，造成身體虛弱。她對朋友多忍讓，寧願自己吃點小虧，雖很少發脾氣，但個性其實很強。聽說抗戰時日本人要進家裡，她拿著長劍擋在門口不准日本人進門。我覺得自己的好強基因，大概遺傳自她。

一九八七年我的雙親回中國老家探親，烏蘭夫在釣魚台大酒店宴請他們並送我母親一瓶塞外茅台，安慰她思鄉之情。多年後我們把酒打開，才知道塞外茅台的味道有多醇。

戰亂中成家，父親盡可能護住我們

我的記憶開啟得很早，約莫在我三歲時，父親把我們遷到陝西西安，我依稀

在陝西西安，與大弟勵平及剛出生的二弟勵明

記得住在一棟四合院裡。

平遙老家很早捲入戰爭，爺爺過世得早，沒有忍受太多戰亂。對日抗戰好不容易結束，孰料發生內戰，在八路軍進入家鄉前，父親就先託人帶著奶奶、二伯、四伯離開，接到陝西跟我們團聚。那棟四合院有點老舊，但勝在夠大，右廂整理出來交給奶奶和伯父們住，左廂交給傭人打理做為廚房，我們住在正房。記得屋裡有個炕，三歲的我和一歲的大弟整天在炕上玩耍。

母親常說我從小是個嘴饞的孩子，什麼都喜歡吃，什麼都吃得香。不知是否因為天生敏

感的味覺與嗅覺，很早就發現，我能記得吃過的味道。

記得在西安有個年輕勤務兵常帶我去他家玩，每次給我一個玉米窩窩頭。窩窩頭咬起來硬硬的，帶著自然甜香的玉米味道讓我很喜歡，但對年幼的我來說得小口慢慢啃，才不會崩了牙。我的陝西印象還有石榴。我家屋子前有棵石榴樹，我太喜歡吸吮那小小的紅果子，常舔得滿身滿嘴都是紅色汁液，惹得大人哈哈笑。

大概在我四、五歲時，父親將全家遷移到上海租界。他依然很少回家，但只要歸來，總會帶著媽媽、牽著我上街逛逛，然後在路邊買一包糖炒板栗給我，那種熱呼呼的甘甜、暖暖的沙沙味，想起來就覺得幸福，父親看我吃得兩腮鼓鼓，他總會露出笑容。我至今仍然愛吃板栗，不過再也沒有那種剛出沙鍋的香氣與饜足，幸好記憶的餘溫讓我留住了那一刻。

父親對我影響甚鉅，他給我足夠的安全感，且對新鮮事物永保好奇心。兒時我聽到靈異故事從不害怕，因為深信父親會保護我，這念頭深植我心。

命運的轉機，父親參與海軍陸戰隊創立

抗戰勝利後國軍部隊重組，一九四八年初獲得海軍總司令桂永清的大力支持，海軍陸戰隊司令部於上海復興島成立。一九四九年四月海軍陸戰隊第二師整編成軍，首任師長周雨寰少將，他對父親能力深為肯定，邀請他一起建立海軍陸戰隊，從此陸戰隊成為父親奮鬥的目標，終生心繫於此。

陸戰隊重新組建後，父親升任陸戰隊上校大隊長，奉派駐軍於長江出海口的崇明島上。父親帶領一千多名官兵負責掩護長江出海口，成功守護海軍安全撤退後，他才帶部隊乘最後一艘軍艦離開上海。

一九五二年父親擔任團長奉派駐防大陳島，輔助陸軍做好前線防禦，防範共

軍入侵。當時靠著鐵鍬和鋤頭投入挖坑道等建築防禦工事，據說到工程尾聲，鐵鍬和鋤頭都磨損到只剩三吋，經過這番強度的工作，人的耗損不難想像。一九五三年父親輪調回到家，由於長期營養不良，臉色蠟黃，人變得又瘦又老，母親看見他的瞬間哭了出來，奶奶也心疼得講不出話。

新人事派令下來，這年父親接任海軍陸戰隊第二旅旅長，駐守在高雄大貝湖，這時美軍顧問團來左營指導輔佐，陸戰隊開始壯大。多年後，大貝湖有了更好聽的名字，叫做澄清湖。一九五五年陸戰隊第二旅和陸軍第四十五師整編為海軍陸戰隊第一師，父親擔任首任師長，他成為四位同級軍官中，最早晉升少將的人。這個擁有一萬八千人編制的部隊，仿照美國海軍陸戰隊的配備，有最先進的戰車營，還有炮兵團、空中觀測機中隊、岸勤營等，是開國以來組織最完備、實力最強大的作戰部隊，當時不知羨煞多少人。

母親常說，是周雨寰將軍改變了父親的一生。加入海軍陸戰隊，從此改變父親的軍旅生涯，也是我們全家命運的轉捩點。

我曾聽父親感慨：「這輩子未曾想到能有機會奉總統指派出任首任陸戰師師長，並晉任將軍。」他有很強的使命感，為陸戰師及陸戰隊奠定了堅實的基礎。父親常對我說：「做人要誠實負責，要對社會有貢獻，才算不枉此生。」他的教導影響我一生做事認真、誠實、正直，絕對不欺騙，失敗絕不怨天尤人。

奶奶趙氏，和兒媳堅定守護這個家

我的奶奶一八八二年出生於山西平遙的鄉下，娘家姓趙。如同那年代的農村姑娘，她纏小腳、不識字，說得一口山西土話。十六歲那年，憑媒妁之言嫁給我爺爺。

農村生活清苦，為了多賺點錢，每逢作物收成，爺爺帶著乾糧與家中長工一起趕驢車，把作物載到太原城做買賣。靠著勤苦奔波與省吃儉用，他用積攢的錢在平遙買地，慢慢累積田產而成了大地主。爺爺自幼家貧沒機會讀書，很希望兒子們有學問，眼看么兒揚志和長孫桐鳳有讀書天分，便盡力栽培他們。

奶奶趙氏

我從年長多歲的堂哥那裡聽說奶奶很會照顧爺爺，每次爺爺從省會賣了糧食回來，她會特地開小灶，慰勞他的辛苦，夫妻倆窩在房裡邊吃邊聊，營造屬於他倆的獨處時刻。

山西省位在中國偏北方，之所以稱為山西，因為它在太行山以西。山西有小雜糧王國之稱，是麵食文化的發祥地，家家戶戶的婦女都擅長做麵食，有個流傳已久的說法：「中國麵食看山西，山西麵食看晉中，晉中麵食看平遙。」因為奶奶，我從小受北方飲食習慣影響，對麵食情有獨鍾。

山西以前是比較窮的省份，主食是麵。奶奶說吃麵的好處是容易飽，有醬淋醬，沒醬澆醋，肚子填飽就能繼續幹活。

老家的氣候有點乾燥，馬鈴薯（當地稱為土豆）、胡蘿蔔、番茄、茄子都長得不錯。我家遷到台灣以後，餐桌上依然常見根莖類和果實類作物，其中又以馬鈴薯吃得最多，至於葉菜類則很少買，以致兒時的我只認識兩種葉菜，那就是菠菜和高麗菜。

我在一九九〇年代興起走訪父親故鄉的念頭，山西副省長孟立正先生熱心領我走了一趟平遙老家。我見到父親的二哥、三哥和四哥，面對這群陌生卻有至親血緣的伯父，不禁百感交集。其中兩位就是當年跟我們一起住在陝西四合院的二伯和四伯，他們依然硬朗，直說沒想到還能看到當年啃石榴的小女娃，只是歲月催人老，小女娃已屆中年，他們則是白髮蒼蒼。

搭軍艦到台灣，幼兒不識離鄉之苦

一九四八年秋天，國民政府退守台灣，父親必須在前線作戰，因此安排家眷先搭軍艦撤往台灣。伯父們放不下老家，堅持留在山西，奶奶跟我母親帶著三個小娃娃，還有堂哥夫妻一家，搭上中華民國政府海軍的船艦前往台灣。我記得搭了好多天的船，奶奶和母親暈船吐得很嚴重，我和弟弟卻生龍活虎，為搭大船而興奮不已。

我記得和大弟衝上寬闊的甲板，眺望四周只有大海，這是何等新奇的經驗，我們成天待在甲板上，和來來往往的軍官與年輕水手玩成一片。這種樂天，正是年紀小的好處，什麼都不懂，什麼都不擔憂。下船後，我們被暫時安置在新竹縣一間簡陋的房子裡，母親和奶奶盡可能細心照料我們，以免幼兒水土不服。

而父親還在上海，撤退不是兩、三天的事，他的任務是堅守崗位，爭取時間讓國軍部隊安全撤離。直到隔年，父親終於接獲軍令，在某日天亮以前登上軍艦，帶士兵前來台灣，據說這是最後一批撤退的隊伍，軍艦全速駛離碼頭時，大批共軍衝進碼頭對空鳴槍，還將砲火對準他們猛轟，砲彈不斷在船邊炸開，生死一線。

我們在新竹靜候父親歸來。他到台灣後，立刻又投入外島守備輪防，不停轉換駐地，母親帶著我們盡可能住在靠近的地方，希望讓他一放假就能看到家人。我在短短幾年裡，住過新竹、澎湖和南投，隨後定居高雄，奔波總算暫告段落。

父親到澎湖駐防時，母親帶著我和大弟搬過去，奶奶帶著幼小的二弟留在本島，守著新竹的小家。我們母子在澎湖待了半年左右，那段時間上學究竟學些什麼，我絲毫沒印象，只記得走路上下學途中都在玩，到學校繼續玩，放學返家如果正逢退潮，我和大弟會溜到海邊摸幾個大蚌殼、撈幾條小魚，帶回家要求媽媽煮熟加菜。我們姊弟像開心的小瘋子，澎湖的生活讓我留下深刻印象，延續對大海的好感，在這裡真是快樂極了。澎湖的天空與海洋都是蔚藍的，在我記憶拼圖裡是一塊極美的貼紙，伴隨著喜悅之情。

在南投學會台語，率先搬到高雄住

一九五一年父親被調至南投，我們全家跟著搬過去。這時我家的孩子數增為四個，小弟勵德在一九五〇年出生，長得非常可愛。

我們搬進一棟日式房屋，庭院裡種植整排桂花樹，走進前院就會聞到濃郁的桂花香，屋內則鋪滿榻榻米。我記得，父親的部屬會來家裡作客，我會把餅乾拿出來招待，奶奶總說我太過大方。

比較遺憾的是，來到台灣後，不知是氣候導致或產後失調，母親的健康變差。因為經常不舒服，她對我和大弟的管教慢慢放鬆。我和大弟進入南投國小就

在南投，大弟勵平、二弟勵明、小弟勵德

讀，我們常在放學後跟同學結伴去摘酸溜溜的野生桃子，或到田裡挖番薯、到大水溝抓泥鰍，完全融入在地小朋友的社交圈，很快學會流利的台語。

當年生活清苦，孩童幾乎都光著腳丫子走路。母親認為穿鞋比較不易受傷和生病，特地託人從台北買回布鞋，要求我們穿著上學，但我和大弟覺得難為情，因為根本沒人這樣做。出門走遠一點，我們就把鞋脫了塞進書包，跟大夥兒一樣打赤腳；等放學快抵達家門，再把布鞋拿出來套上，省得母親不高興。小孩的把戲一下就被大人拆穿，母親處罰過我們幾遍，知道強求不來，慢慢就釋懷了。

我的台語說得太輪轉，假日裡，母親乾脆帶我上市場買菜，由我當翻譯，她可以把想問的一口氣問清楚。當年物資匱乏，我母親興起在院子種馬鈴薯的念頭，可想而知，當然是失敗了。

之後，我家移居高雄，不再四處搬遷，父親有較多時間返家，我們的家庭生活算是正式展開。至於全家最早進駐高雄並住下來的，是不到十歲的我。我母親的思維挺特別的，在上小學四年級前，她把我的戶口遷到高雄好友武媽媽家，讓我先進入海軍子弟學校就讀，她的理由是「遲早要搬過去，蘭蘭正逢新學年，先去適應一下沒什麼不妥。」

我在武媽媽家寄宿半年，直到我們家搬至內惟自強新村，我的回歸讓弟弟們很高興。蘇家趴趴走的行列愈來愈大，二弟勵明跟著大弟勵平，是很好的玩伴，小弟勵德還稚嫩，偶爾跟上大家就是一條小尾巴，必須特別關注他。高雄天氣不錯，除了烈日有點熱，我們的童年在這個地方扎根了。住在內惟那幾年是我們四姊弟最開心、最懷念的童年時光。

不愛讀書的小淘氣，不做功課偷蓋聯絡簿

我從小喜歡花花草草，投入群體遊戲的時候，渾然是個瘋丫頭，容易為玩樂分心，這種性格很難把書讀好，所以小學成績不上不下。父母和奶奶壓根兒不在意，從未對我施壓。

我有如蘇家的小隊長兼小保母，三個弟弟歸我管理和保護，這群男孩不是摔摔跌跌就是打架受傷，尤其是二弟這個摔跤大王，我會看緊一點。大弟聰明調皮，在家裡的挨打頻率總是穩坐冠軍寶座；而小弟和我有七歲之差，我總覺得他是稚齡寶寶，挺害怕他受傷的。弟弟們很聽話，如果我提議沿著田埂去折荷花，他們幾乎不會拒絕，不會嫌棄摘花這種事只有女生喜歡。有一回二弟在田埂間被蛇咬到腳，我們緊急將他送醫，那過程把我嚇壞了，我很怕他會中毒死掉。從那時起，我沒有再質疑過穿鞋的必要性。

我曾多次帶著弟弟們溜到附近的龍泉寺玩，那裡的比丘尼自種蔬菜，我看見紅通通的辣椒忍不住伸手偷摘。我把辣椒摘回家孝敬奶奶，正巧父親的部屬來家裡作客，知道此事就嚇唬我：「蘭蘭妳完蛋了！尼姑要來抓妳！」這一幕不知為何糾纏我很久，到長大還會做夢，夢見回到小時候，偷摘辣椒被尼姑抓住了。

父親長年住在部隊裡，管教之事都假手於母親。家有四個孩子，想盯緊細節絕對有難度，所以只要不犯大錯，她通常不會太生氣，更不太會揍小孩。

我們姊弟經常沒寫功課，如果考得太差，就不敢拿考卷給母親簽名。母親習慣晚起，我便趁她睡覺，在早晨上學前帶大弟溜進她房間，偷偷開抽屜拿印章自己蓋。我自認這是好主意，神不知鬼不覺，躲掉媽媽的責罵，又對老師交了差。

我小時候真不愛寫功課，大弟也是，因為有更重要的事情吸引我們。眷村座落在山腳下不遠處，鄰近一帶空地多，住家一條巷子就有二十多個小孩，同齡朋友結伴到處玩，放學後不到開飯不見人影，時間根本不夠用。

在自強新村的家，奶奶有舒適的房間，爸媽一間，我們一群小蘿蔔頭一間。因大舅被外婆寵壞的經驗，媽媽對我們很嚴格，認為小孩子不能有太多錢，每天早晨上學前，傭人給每人泡一杯美軍供應的脫脂奶粉，配一顆煎蛋，媽媽給我們四姊弟一塊錢，由我分配給弟弟每人兩毛。早上在巷口對面等軍車上學，那裡有三個鋪子、兩間雜貨店，其中一間是退休老夫妻開的包子店，我們就拿八毛錢買四個豆沙包；剩下兩毛錢當做買零食的共同零用錢，這就是我們的小確幸。

蘇家的餐桌，山西麵食大師的舞台

父親非常孝順，回到家一定先向奶奶請安，有任何好吃的先送去孝敬奶奶。每當家裡有蘋果禮盒，父親總拿進奶奶房間，因為她喜歡整間屋子充滿水果香氣；等果肉變軟，奶奶再拿出來切給大家吃。

只要父親從部隊返家，奶奶必進廚房親手為他煮一碗麵，而他必定吃到碗底朝天，並誇奶奶的手藝無人能比。對他來說，這就是家的味道。

我家奶奶的麵食手藝精緻而出色，幾乎無人能出其右，她做的麵食帶給我們家的歸屬感，也是我兒時記憶很珍貴的一部分。奶奶自幼在山西這個麵食王國裡長大，對於水分比、揉和的時間與溫度，在在瞭若指掌；麵糰在她手裡任其捏拿擺弄，她做出的每種麵食都好吃極了。

數得出來的，例如揪片、撥魚、貓耳朵、麵疙瘩、水餃等；還有蒸麵類、肉包子、饅頭、燙麵蒸餃、燙麵糊薄煎餅、石頭餅等。我家會吃的麵食種類真不少，而我們也從不同的山西麵食裡感受到被呵護，以及彼此關係的親密，經歷過戰亂與顛沛的人應該尤為懂得珍惜吧！後來我到美國開餐廳，為了山西陳醋，尋尋覓覓，不是只有山西陳醋才能做出美食，而是因為那是我們家的味道。

奶奶做的山西炸醬，是把當天從市場買回來的溫體豬肉切成小丁，用醬油稍微醃漬，然後把洋蔥、土豆、番茄也切丁，下鍋炒過再倒入雞架子熬的高湯，熬煮成我們百吃不厭的炸醬。至於麵條，她帶著傭人親自動手做，現擀現煮現吃。

多數時刻我愛四處亂跑，偶爾心血來潮，會跑進廚房窩在奶奶身邊看她揉麵。我從不問今天吃什麼，看她的動作，答案會慢慢揭曉。

我家的配菜排行榜，最常見到炒胡蘿蔔、炒土豆絲、涼拌芥末寬粉、涼拌小黃瓜、蒸茄子、番茄豬肉丁醬，最後一種拿來拌麵非常可口。儘管家裡很少吃綠色葉菜與大塊的肉，不過每週會吃兩次餃子，這是我們很喜歡的食物，至於煮餃子剩下來的水，就是當晚的湯；若有餃子沒吃完，隔天早餐就會是煎餃。

每次做餃子時，奶奶親自和麵，傭人幫忙擀皮，我母親會坐下來一起包餃子。餃子皮填滿餡料後，奶奶雙手一擠就是一顆，簡直又快又好，我包五顆的時間已夠她包好五十顆。奶奶笑話我：「蘭蘭動作這麼慢，長大沒人敢娶妳。」回憶這一幕，午後的廚房裡，空氣瀰漫餃子餡料的香味，那畫面鮮活逼真，彷彿我穿越時光坐在內惟家中。

我從家裡的出菜習慣漸漸理出一些規律：如果主食是饅頭、包子或燙麵蒸餃，就會煮紅薯稀飯或南瓜稀飯，不然就會有麵疙瘩湯。我家也常蒸饅頭，第一天吃白蓬蓬的胖饅頭，第二天早上就會把饅頭切片用少許油煎著吃。奶奶做貓耳朵時，通常第一天吃炸醬拌貓耳朵，第二天則吃炒貓耳朵。

我家很少吃米飯，不過奶奶對稀飯非常講究，要求煮到濃稠但米粒分明，絕不能稀爛或黏糊。稀飯通常會搭配涼拌菜，其中，蒸茄子和涼拌土豆絲是稀飯日的常見配菜。

我很喜歡山西土話叫「南瓜古來」的這道麵食，我家幾乎每週吃上一次。奶奶先把綠皮南瓜以刨絲器格柵成絲，用紗布旋緊擠去水分，再灑上麵粉，蒸熟後放涼，形同南瓜麵食，然後拌炒肉絲、高麗菜，就成為一道可口的佳餚，沙沙的口感帶點甜味，我每每一口接一口停不下來。

關於吃東西，始終是我的人生大事

說到奶奶的好手藝，就不能不提我母親的特別。若要用一個字來形容母親的飲食特色，「淡」或許最為貼切。

我母親有很靈活的嗅覺，任何怪味道都逃不出她的鼻子。有一次我聽她嘟噥：「奇怪，聞到螞蟻了！」我四下尋找，果然在附近看到螞蟻。

我記得很多東西母親都不吃，我家廚房不使用味道重的香料，麻油、罐頭和醬料更是不買。她幾乎只吃原味食物，拒吃加工食品。她的飲食觀念與後世流行的養生哲學相符，也啟發我對食物原味敏銳且純粹的味蕾。像三杯雞、糖醋排骨、宮保雞丁、酸辣魚這些菜式從未在我家餐桌上出現過。

我家的豬肉永遠葷素搭配，和蔬菜一起炒。早年買肉的頻率不高，伙食以麵食和蔬菜為主；後來經濟條件改善，家裡已習慣清淡飲食，很少大魚大肉，除了過年。

每到過年，母親和奶奶會提前準備很多食材，把買回來的蹄膀紅燒得油亮亮，開飯前，再把肉切片裝盤。至於雞肉，清一色熬煮雞湯，而且只和老薑片一起燉。媽媽還會自己灌臘腸、醃蘿蔔，這都是她拿手的過年菜。初一早上全家一起吃餃子，但把餃子稱為元寶，博個好兆頭。儘管家裡很少吃米飯，糯米卻是受歡迎的，尤其在農曆春節期間，這是必要的應景食物。奶奶把一球球糯米糰直接下鍋油炸，就成了油炸糕；媽媽在兩層糯米之間夾上白糖煮成的紅豆餡，然後放進蒸籠裡蒸，就是糯米紅豆糕。至於牛羊鴨鵝，不是我家不吃，而是真的少見。

過年不僅有好吃的，也是我們四個小孩最開心的時候。大年初一清早就穿上新衣服，站在家門口等候親朋好友來向奶奶與父母拜年，我們也等著向長輩們拜年，同時收紅包。調皮的弟弟們放著鞭炮，嚇同村的小朋友，整條巷子極為熱鬧。到了晚上，我們姊弟會一起打開紅包，比賽看誰的壓歲錢最多。我們姊弟很小就會打橋牌，而且打得不錯，這要歸功於父親的教導。大年夜圍爐過後，他會帶母親出門找朋友，奶奶年紀大不能熬夜，就由我們四個小孩聚在一起打橋牌守歲，我和二弟一組、大弟和小弟一組，這是蘇家過年的慣例。

在眷村裡以山東人最多，四川人其次，山西卻寥寥可數。眷村外圍住著許多退伍老兵，他們擺攤賣起山東大餅和山東饅頭，或開小吃店賣些陽春麵、炸醬麵、涼麵，讓客人填飽肚子，自己也賺取些生活費。因為這些人、這些食物，我的童年歲月非常豐富。

山西炸醬麵是蘇家餐桌常見的主食，承載了童年的記憶和滿滿的鄉愁

奶奶的山西炸醬麵

從小，我家做菜少不了番茄和土豆，後者在台灣被稱為馬鈴薯，屬於澱粉類蔬菜。母親和奶奶帶著我們幾個小蘿蔔頭來到台灣之後，我家餐桌上經常出現炒土豆絲；奶奶常做的炸醬麵，自然也加入這兩種蔬菜。

我家常吃麵食，用來拌麵的炸醬由奶奶親手做，完全不用罐頭醬料，只用真食物製作。她將早上從菜市場買回來的新鮮豬腿肉切丁，加入土豆丁和番茄丁熬煮，充分呈現食材的原味與鮮甜。奶奶會做好多種麵條，但這道山西炸醬是我家萬年不變的美味拌醬。

多年後我去山西探親，才知道土豆和番茄是故鄉常見的兩種農作物，鄉親常用它們入菜。我在山西品嚐到新鮮番茄醬拌麵，滋味真的非常棒。

材料

肥瘦豬腿肉，約450公克，充分絞碎或剁碎

醬油3 湯匙

澱粉1湯匙

紹興酒3湯匙，可用米酒替代

麻油2茶匙

油3湯匙

洋蔥1顆，切碎

土豆2顆，去皮，切小丁

新鮮紅番茄2顆，切丁

雞高湯1杯

蘑菇黑醬油1湯匙

量器提醒

各國的「1杯」不太一致，我在美國使用的量杯是8盎司，約240cc，歐洲很多國家會到250cc。

至於匙，「1茶匙」約5cc，「1湯匙」約15cc，但有些國家會到20cc。

作法

1. 將絞碎或剁碎的豬腿肉、3湯匙醬油、1湯匙澱粉、3湯匙紹興酒、2茶匙麻油及1湯匙油，放入大碗中充分攪拌。

2. 開火後，在不沾鍋放入2湯匙油將洋蔥炒香，再放入豬腿肉直到完全炒熟，加入土豆、番茄及高湯，改成小火慢慢煮大約30分鐘，等土豆煮軟、收汁即可，起鍋前再加1湯匙蘑菇黑醬油增色，看起來會更可口。

這是我奶奶用愛熬煮的美味炸醬！

第二篇

從蘇小妹到蘇小姐

1955～1967

眷村像個大家庭，在充滿愛的地方成長

人生天地間，忽如遠行客，在我匆匆數十載人生裡，最美好的青蔥歲月是在寶島台灣度過的。

我誕生在對日抗戰期間的中國北方，母親帶著我們隨父親部隊搬遷；後來政權遞嬗，她又帶我們橫渡海峽來到台灣。由於父親駐防經常調動，十歲前的我視搬家為平常，住過許多地方，留下不同記憶，但這些記憶大都缺乏系統化。我的適應力不錯，到新環境不會有水土不服或融入問題，但還是會為離別感到惋惜。

讓我強烈產生「真希望一直住下去」的念頭，是在高雄內惟的海軍自強新村，它的前身是日本海軍眷屬宿舍；中華民國國軍接收之後，優先將海軍眷屬安置於此。我們入住的宿舍有三房一廳，屋後有個小院子，旁邊還搭建廚房。搬進自強新村時我已十歲，很喜歡這個前院種滿果樹的眷村宿舍，而此時父親的軍務

逐漸穩定發展。知道可以就此定居、從此安身立命，對我們全家是喜悅且充滿希望的一件事。這對未成年的我而言，就像一顆種子落在適當的土壤，得以開始發芽、踏實成長了。做為一個眷村小孩，我盡興地玩，逃難的混亂記憶慢慢遠退，退居大腦的最角落，然後熄燈塵封，從此很少去想起。我在內惟快樂地長大，從蘇小妹慢慢變成蘇小姐，長成一個道地的南台灣姑娘。

該如何形容眷村生活呢？「小城故事多，充滿喜和樂」，鄧麗君的這兩句歌詞，很適合做為當時的寫照。儘管當年物質條件不及今日，但我的成長回憶確實充滿喜和樂。

談起眷村特色，多數人會想到封閉式村落、麵食文化、反共意識、愛國心強等印象。身為海軍子弟的我成長於斯，感受最強烈的是人情溫暖。長大後到美國不同城市生活過，也常在歐洲旅行，我覺得再也沒有哪個國家、哪個地方會像台灣眷村這般特殊，擁有極難得的包容力與融合力。

當年，自強新村裡的軍人與眷屬來自中國不同省份，各自的家鄉方言與文化習俗互有差異，卻因為時代與命運而聚集在這裡，進而產生「一個屋簷下」的緊密情感，滋長出不是一家人、勝似一家人的情誼。我覺得自己很幸運，能在這樣的環境裡從小女孩轉變為少女，帶著這份美好而深刻的生命記憶，勇敢走向台北，走向美國，走向世界。

從日據時期開始，高雄左營就被建置成海軍的大本營，二戰結束後基於戰略考量，中華民國海軍及陸戰隊主力也駐紮於此，左營成為台灣最重要的海軍基地，這正是我父親被分配於此、我們全家住在這裡的原因。

高雄左營海軍眷區，主幹道是一條筆直寬闊的椰林大道，區內有為美軍顧問團設立的高爾夫球場、當時最高級的宴會餐廳「四海一家」，以及位在實踐路的「中山堂」電影院，這些都是居民最在意的休閒娛樂。

中山堂放映的當然不是首輪電影，而是上映一、兩年以上的老影片，不過在當年仍大受歡迎，遇到熱門電影還得大排長龍買票，我還記得票價是一塊錢，二樓座位則是一塊五毛錢。最受歡迎的電影非《梁山伯與祝英台》莫屬，無論上映多少回，永遠座無虛席，每一場都有人跟著笑、跟著哭。我的奶奶很喜歡黃梅調，對這部片尤其著迷，父親深知這一點，只要《梁山伯與祝英台》上映，他即使身在部隊無法陪伴，也會託人揹著裹小腳的奶奶去中山堂看電影。

我們所住的自強新村分布在十幾條巷子裡，每條巷子約住十四戶人家，但我們家和隔壁巷子只有十二戶，因為前面各有兩戶在二戰期間被美軍轟炸成廢墟，後來變成孩子們玩捉迷藏的神祕寶窟，幾乎每個小孩都覺得，只要躲進這裡就沒人找得到自己。許多巷子兩旁種滿鳳凰木，每到六月花開時節，就像點亮魔法，把整條巷子變成長長的漂亮花廊。

巷子後方有一條大排水溝，再過去就是壽山，基本上，自強新村就在壽山山麓，所以有不錯的自然生態。往林子裡鑽，不僅植被茂盛，還能看見野生動物，像是獼猴、赤腹松鼠、領角鴞、山羌、青竹絲等。左鄰右舍有不少年齡相近的男孩，我家弟弟常跟他們打群架，臭男生不打不相識，有些最後竟成了朋友。弟弟們還會跟同巷子的死黨一起去爬壽山，曾在某個山洞發現一家七口整齊平躺的遺骸，大概是日軍投降後沒來得及離開，躲在山洞裡去世的。從此以後，這群小男生再也不敢往山洞附近亂跑。

海軍子弟的小確幸，直升海青中學

戰爭期間很多孩子失學，當我七歲上小學時，班上有比我大三、五歲的孩子才開始讀一年級。一九五二年我轉學到海軍子弟學校，成為小學四年級新同學。

「海軍子弟學校」的前身，是海軍總司令桂永清在南京創立的；來台之後，為安置海軍眷屬中的兒童與少年，一九四九年在高雄左營桃子園設立學校，最初只有小學部，名為「海軍總司令部附設高雄小學」，簡稱「海總附小」，但大家習慣稱它「海軍子弟學校」。一九五〇年學校增設初中部，隔年改名為「海青初級中學」，簡稱「海青中學」，這在尚未實施義務教育的當年，是非常難得的升學資源。我在一九五五年入學，能成為海青中學的一員何其有幸。

桂永清將軍於左營設校後，延聘安世琪先生擔任校長（一九四九至一九六八）。安校長為山東人，中央大學美術系背景，以其堅韌毅力帶領教師們在荒煙蔓草間，一步步把校舍蓋起來，還同時做了綠美化，除了種植柏樹和楊柳，更在校園內廣植南台灣盛產的果樹，包括芒果、龍眼、楊桃、蓮霧等，只要有收成便外包給果農，把收入用於購置教材和設備。我記得校園裡有國父雕像、鷹揚塑像、假山、高塔、礁石造景、噴水池等，還有座名為盧溝橋的小橋，橋下養魚，池內種蓮花，池邊栽鐵樹，鐵籠養猴子，儼然像座歐式花園。還有座大型溜滑梯，低年級小弟弟、小妹妹無人不喜歡它。校園環境進化之大，使這所學校盛名遠播，連蔣夫人宋美齡女士都來參觀過。

我不愛讀書，也不愛女孩熱衷的刺繡和手工藝，不過對種菜情有獨鍾。有一次勞動課安排種花生體驗，看著幼芽冒出、綠葉長成、開花結果、從土壤挖出一串串花生時，我感到好生歡喜。漸漸地，我察覺自己很喜歡植物，喜歡土地可以長出作物的感覺。後來在美國，甚至透過在院子裡種菜、拔草都能獲得內心平靜，這個天賦可能源自山西老家，是我未曾見過面的爺爺送給孫女的禮物吧！

軍區、學校和眷村，共同孕育海軍子弟

所有眷村上下學和中午都有軍用大卡車接送，每天早上孩子們在巷口排隊，等軍車把我們平安送到學校。記得每天下課有十多輛卡車等在校門前，車前掛著眷村名稱，等待接孩童回家。

天晴的時候，大卡車的帆布篷會收疊起來，大家在車上緊抓著欄杆，頑皮的孩子喜歡隨著車子搖晃，甚至耍膽放手表演平衡，幸好車速不快，不至於發生危險。有時大家會在車上高唱愛國歌曲，如果遇到下雨天，司機伯伯會把帆布蓬展開，這個時候車內會悶熱一點，但眷村與學校距離不遠，忍一忍就到了。校方每年舉辦兩次戶外郊遊，軍用大卡車把學生分批載到附近的風景區。對我們而言，軍區、學校和眷村其實沒有很明確的分野，海軍子弟就在這三處共同成長。

憶兒時，我在海軍子弟學校讀書，以及後來進入海青中學，那幾年是我人生最快樂的時光。經歷過戰火顛沛的強烈對照，即使當年還懵懂無知的我，或是眷村裡的其他叔伯姨嬸們，大家都感恩且認真地活著。

海軍眷區形同海軍子弟的大熔爐，以我所住的自強新村來說，大家不論身分，將軍和士官兵的子弟在同一所學校上課，下課一起嬉戲打鬧，相約騎車逛軍區，或瞞著大人溜到海邊游泳，或鑽進樹林摘野果吃個飽。大家的父兄背景相似，每個孩童身上或多或少有著軍人不畏艱難的氣質，小夥伴共同走過困苦年代，建立起單純且深厚的感情，我們一起長大，甚至成為一輩子的朋友。

當年，物質是真的貧乏，人心是真的樸實，現在回想起來，簡直像是上蒼給我們「失之東隅，收之桑榆」的補償。能在台灣安定的環境下接受教育，受父母保護，活在愛裡沒有懼怕，度過無憂無慮的童年，相較於我們的父母、祖父母，以及在戰爭中犧牲、失去活著機會的人，我真的很幸運。

順利考上高雄女中，忽然間頓除束縛

我是個樂天女孩，這並不表示我從不被束縛。母親在管教兒女方面有她自成一套的信仰，例如金錢控管嚴格、中午必須回家吃飯。這些束縛在我上高中之後瞬間獲得解除，我被當做大人對待，無論內心或行事都更加自由。

一九五八年我考上第一志願高雄女中，入學時學校叫做「台灣省立高雄女子中學」，如今稱為「高雄市立高雄女子高級中學」，簡稱「雄女」。雄女創立於一九二四年，已是百年名校，早年有初中部和高中部，後來改制為女子高中。

那年海青同學裡，有好幾位考上雄中，但好像只有兩位考上雄女，我很幸運是其中一員。讀高中之後，我終於告別軍卡車，每天自行搭公車上學，在擁擠搖晃的車廂裡昏昏欲睡，搭到愛河附近下車，再沿著河走到學校。我必須在七點鐘之前擠上公車，從內惟上車極少有座位，幾乎都得揹著大書包整路站著。我想擺脫等車、擠車的辛苦，曾經嘗試騎腳踏車上學，但距離實在太遠而不得不放棄。

這時我真正意識到，從前搭軍卡車上下學是多麼幸福啊！無車頂的軍車固然有點危險，但通風良好又直達學校。而公車必須走固定路線，為了沿路載客而開開停停，很容易暈車。記得當時的公車票價是五毛錢，母親每隔一、兩天會給我五元，忽然之間，我的手頭變得寬裕。

當年雄女的制服是白襯衫、黑裙子、白襪子、黑布鞋。我這屆共有六個班級，每班人數不一，我所就讀的戊班是文組，人數最多達五十六人。在結交到新朋友的同時，較可惜的是，與兒時玩伴卻漸漸斷了聯繫。

我在雄女體悟到，學校是個微型社會，同學們來自不同家庭背景，私下說的語言很多元，這一點跟海軍子弟學校、海青中學很不同。我從小和背景接近的同學相處慣了，欠缺和各類人應對的訓練，一時之間不是很有把握，於是我變得不那麼活潑，加上課業壓力，人沉靜了些。我開始會害羞，覺得自己的樣子不好看，對外表不太有自信。

我在這時交到幾位好友，其中有位叫做褚鏡湖，也是海軍子弟，她家跟我家只隔四條巷子，我們卻在考上雄女後才認識。高三開始準備考大學，我們常常一起熬夜背書，怕睡著，還一起喝咖啡提神。我的成績不算優秀，能考上台大實屬意外。褚鏡湖考上東海大學，後來到美國留學結婚，我們始終保持聯繫。

就讀雄女時，我們的校長是薛佩琦先生，他是江蘇人，畢業自中央大學法律系。我的導師姓陳，是位國文教師。時間過得飛快，平凡如我，糊里糊塗就高中畢業，即使高三認真衝刺，常熬夜苦讀，卻不知自己實力究竟到哪個程度，只好安慰自己能有大學唸就好。

高雄夜市太精采，愛上各種小吃

高中時期除了用功學習，也有屬於青少年的逍遙。

我從小聲音低沉，自認缺乏音樂細胞，卻在雄女時期被老師相中加入管樂團，負責吹大喇叭，儘管樂器有點沉重，我還是聽話地練了起來，學會了演奏技巧。每當縣市政府有活動，指派各校管樂團去遊行表演，我們就會代表雄女參加。有同學開玩笑，說這是平日辛苦操練的福利，因為出團表演既能為校爭光，還得以欣賞其他學校的帥哥美女。

月考過後有閒暇時間，我會利用放學後或週末下午和同學相約去左營中山堂看電影。市區裡的戲院不斷上映最新影片，年輕人趨之若鶩，我偶爾也會跟同學跑去戲院排長隊，只為一睹貓王的電影，例如「軍中春宵」我就認真看了兩遍。

我們幾個好同學都喜歡高雄愛河附近的夜市，經常去報到，我至今仍記得第一次吃到夜市小吃，像一頭撞進了美食天堂，幸福至極。我好喜歡吃貢丸、蚵仔煎、米糕，最難忘的是鴨肉餛飩。鴨肉餛飩以鴨肉為餡，捏成小小一球，皮薄滑溜，湯清鮮甜，應該是以鴨骨熬製的；在端上桌之前，老闆會撒上野生山芹菜珠，聞起來好香。當時一碗六顆一塊錢，是我放學後最喜歡的小吃。半透明且口感滑潤的蚵仔煎，主要食材是鮮蚵、雞蛋和蔬菜，在鐵板上煎得香味四溢，再淋上紅色甜辣醬，入口「涮嘴」，放學後來一盤實在過癮。

我喜歡軟Q又帶點嚼勁的綠色草仔粿，加入艾草汁的粿皮有特殊香氣，整顆做成水滴狀，裡面包紅蔥頭、蝦米和花生碎，有的則包蘿蔔絲和蝦皮，粿的底下鋪一片綠葉，通常是月桃葉。我也常去蒸鹹粿的攤子報到，米食的天然甜香和軟糯口感，淋上蒜香醬油膏，讓我吃得很滿足。天氣熱的時候，還會跑去喝仙草冰或愛玉冰，若再加一點綠豆就成了夏季最完美的冰品。

在高中階段一邊吃美食，一邊交朋友，這些小小的自由與幸福，伴我度過愉悅的三年雄女生活。長大後在台北和新竹夜市品嚐過不少小吃，卻沒有當年的驚豔，或許食物滋味沒問題，只是缺乏年少時的悠閒與放鬆，少了幾許人生調味。

父母的愛與風格，一點一滴形塑了我

不喜歡下廚的母親，偶爾會要我陪她上市場，權當翻譯。早年海鮮種類多又便宜，儘管我家最常吃的肉類是豬肉，母親每次上市場總會買條魚，弟弟們怕魚刺，所以這條魚幾乎都由我包辦，奶奶常笑我吃魚的樣子不好看。

我母親喜歡吃原味、新鮮的蔬菜，習慣清炒或只加一點點肉絲，從不放太多的油，更不加糖、麻油或醬料調味。正因為從小吃得清淡，我有非常清新的味覺及味蕾，對食物的品味極為細膩。

很多人不喜歡溼答答的傳統市場，我卻為它的繽紛著迷。當年台灣的湖泊和溪流尚未被污染，魚攤的大水槽裡有淡水魚蝦游來游去，攤子上還有碩大的海魚如鮪魚、旗魚，以及各式海鮮、貝類。豬肉攤只賣現宰豬肉，豬肝、豬心、豬肚、豬腸等內臟也大受歡迎，那時大家還不知道什麼是膽固醇。菜攤上有農家清早剛從山上摘採的新鮮竹筍、帶嫩刺的小黃瓜、長著細捲鬚的豆苗、紅豔豔的番茄、油亮的紫色茄子，在露天市場陽光下，色彩飽滿且生動如畫。上高中後，我有時還陪著母親上菜市場；大學時期若回家，我會騎腳踏車一早到市場採購青菜、玫瑰及玉蘭花，市場總能帶給我愉悅的感覺。

我是父親的掌上明珠，我能深刻感受他的偏寵。母親對兒女一視同仁，常母代父職的她更想訓練我獨立，身為女兒的我很少跟媽媽撒嬌談心。不過母親對我有很深的影響，她氣質優雅，注重打扮，在在影響著我。高中起，母親帶我去訂做胸罩，希望我穿得合身，有助於發育與儀態。以前的年代很少有成衣，考上大學後，她特地帶我去找裁縫師訂做衣裳。當年女學生大都穿及膝的裙子搭配襯衫，母親為我訂製了幾件連身裙，我很喜歡。上台北之前帶我去燙了頭髮，照鏡子看起來像個大女孩，我為自己的成長感到欣喜。

我父親非常講究生活情趣，假日有空，他會帶全家出門野餐，或找間菜做得不錯的餐館，全家開開心心吃頓飯，然後結伴去看電影。我和弟弟總為選片而爭執，他們喜歡武打片或戰爭片，而我想看愛情文藝片，父親往往笑著讓我們痛快吵一頓，然後由他拍板決定；儘管我是少數卻常獲勝，因為父親特別寵我。軍中若有明星來勞軍表演，他定會接我去欣賞，這也是他給女兒的特別福利。

我從未想過自己長大會變成什麼樣子。父母從未告訴過我，應該和怎樣的男生交往、走進怎樣的婚姻、過怎樣的人生。然而父親說過，一個人不可以妄自菲薄，如果老是覺得自己貧窮，那會對錢更加小氣，失之大方，也就更難跳脫貧窮的處境。父親很看重「大方」這個特質，這不僅代表金錢觀，也象徵格局與態度。我受父親影響，從小對物質慾望淡泊，但愛吃、懂吃，也懂得生活情趣。

父親曾多次被派往美國受訓，他認為那是強大先進的國家，年輕人若能走出國門學習，去看看世界長什麼樣子，對人生是很好的歷練。這個觀念影響了下一代，我和大弟、小弟後來都到美國留學。

幸運考上台大歷史系，走進第一學府椰林大道

我是高雄女中戰後第十三屆畢業生，這次寫書與母校重新連繫上，根據校方

提供的資料，我那屆兩百四十二人踏出雄女校門，兩百零六人繼續升學，升學率超過八成五，是實力很好的學校。

我在雄女前兩年的成績只算中等，高三備考漸有起色，我擅長背書，最拿手的科目是數學。當年聯考前必須先填志願，我對台大沒有奢念，但仍把文學院各系全部填好、填滿。

我參加聯考那年，數學科由一位留日返國的教授主導，考得特別難，後來聽說當年好多學生數學考零分。還記得考完當天，我一回到家就大哭，因為數學科考得不如預期，覺得自己要落榜了，絕對考不上任何一所大學。看我哭得上氣不接下氣，父親在一旁安慰，要我先冷靜，然後心平氣和替我分析考情。他說：「蘭蘭，妳一定能考上大學！只要有學校讀，爸爸覺得就很好了！」

放榜當天父親正好在台北出差，他跑去看榜單，親眼在「台灣大學歷史學系」找到我的名字。接到父親報喜的電話，我幾乎不敢相信這是真的，沒想到我幸運擠進聯考窄門，還考上第一學府，令師長和親友們欣喜若狂，我則久久沉浸在不可思議的迷茫裡。

就這樣，一九六一年我走出海軍眷區的椰林大道，走進了台灣第一學府的椰林大道。離家北上時，我正滿十八歲，對大學生活充滿嚮往。

台大的前身是創立於一九二八年的台北帝國大學，光復後改名為國立台灣大學。我考進台大時，有文、法、理、醫、工、農六個學院。台大校園給予我氣派的第一印象，椰林大道兩側花圃種滿紅、白色茶花，尤其每到三月杜鵑花爭相綻放，一棟棟古樸建築形成幽靜的長廊，對比校園內的生氣盎然，真是美極了。我很愛學校的學術氛圍，常感慨自己能成為其中一員真的很幸運。我就讀的歷史系隸屬文學院，就位居椰林大道中段，是台大最古老的建築之一，我記得學院種有鐵樹和流蘇，增添幾許雅致。

台大歷史系非常強大，當時聘請的中國名師如夏德儀、沈剛伯、徐子明、李宗倜為系上奠定了學術基礎，加上許倬雲教授引進治史的新浪潮，台大歷史系成為許多學子夢寐以求的學系。

宿舍人情味濃厚，勤工儉學踏實生活

我是軍人子弟，國防部會發放教育補助費，折算後只需繳交五百元學費，印象中一般學生需繳一千多元。學生餐廳採包飯制，每個月交一百八十元，用餐必須自行攜帶住宿時規定要買的搪瓷碗和大小湯匙。考慮到女生食量小，我們決定「偷吃步」，兩人合包一份飯菜，菜若不夠再加購滷味，這樣能吃得更有變化。可能太多人這麼做，包飯制在我大二時取消了，爾後一碗飯三毛錢，一盤菜三至五元，水果得到校外自行購買。

聽說吃木瓜可美白又對皮膚好，我幾乎天天買，一顆只要幾毛錢。台大有農場能買到鮮奶，有位室友教大家把牛奶表層凝結的油脂膜，小心翼翼撈起來塗抹在臉上做保養，愛美的我們都跟著做。多數女同學穿平底鞋，只有台北時髦女孩才穿高跟鞋，我好佩服她們踩著三吋高跟還能健步如飛。大二那年，植物病蟲害學系的方瑀參選中國小姐，幾次在校內看見丰姿綽約的她，我不禁讚嘆真美。

父母每月給我一百八十元的餐費和六十元的零用錢，這些錢很夠用，出去玩或偶爾打打牙祭都不成問題。我跟多數同學一樣，會去當家教貼補生活費，基本上大家都勤工儉學，過得很踏實。

我住在女一舍一〇二號寢室，十二個女生住一間，非常熱鬧；床是上下舖，宿舍內還有六張書桌，每張面對面坐兩人。我們寢室裡有歷史系、農藝系、園藝系、農工系、經濟系、外文系的學生，其中兩位是來自香港和馬來西亞的華僑，大家相處融洽。睡在我下舖的女孩叫趙樂生，是台大農業工程學系，畢業後到美國改讀藥學，我們的交情持續了六十幾年，至今每週仍會通電話。我和同寢室的趙樂生、曹德輝，以及住在一一一號寢室的張秀蓉，四人至今仍是最要好的朋友。巧合的是，寢室裡十二人幾乎都到美國留學，甚至留在美國工作或成家。

女宿晚間十點必須熄燈，室友們常躺著談天說地，嘰嘰喳喳。我們寢室隔壁就是教官室，大家如果聊得太忘我，分貝高了起來，教官就會罵：「一〇二的，妳們太吵了！說話不知恥！」因為我們常聊到男生，教官覺得這群女孩真是不像話。

每年台大校慶會開放宿舍參觀，男同學和外校友人會好奇前來拜訪。我們學習當主人，提前把寢室打掃乾淨，棉被疊得像豆腐干方方整整，並擺放一些橘子、糖果招待訪客。我們女同學之間也會互訪，帶著串門子的興奮與快樂。

當女生宿舍開放參觀時，台大校長錢思亮先生會前來視察環境，看是否有需要改進。他對待學生很慈祥，在學術界的地位更是令人敬佩。

放下轉系念頭，教授一席話影響深遠

我對歷史並無太多興趣，所幸天生記憶力好，能維持不錯的成績。我覺得大學教育應該和興趣結合，進入歷史系之後便不斷思考哪個系更適合自己，喜歡花草的我興起轉到園藝系的念頭，甚至跑去看該系的種植區，果然心動不已。我連申請書都填好了，才在關鍵時刻向父親報告轉系的打算。經過父親分析，我決定放下轉系念頭，好好把歷史系讀完。

在歷史系就讀期間，王任光教授對我啟迪最大。王教授是位神父，在美國神學院拿到博士學位，專攻西洋史，曾在美國達拉斯大學及雷摩顏學院任教；一九六三年應教育部之聘回國後，台大與輔大學生有幸受教於他。王教授是我的外國史老師，也是論文指導教授，在他的指導下，我譯寫了查爾斯・霍默・哈斯金斯（Charles Homer Haskins）的《大學之興起》（*The Rise of Universities*）。

王教授待人誠摯且風趣開朗，給予我諸多指導，不知為何他對我格外器重，曾將研究室借給我讀書。他對我說：「將來妳去美國留學，不要只顧著和中國人打交道，要設法打入美國社會，瞭解他們的思維和生活習慣。」這番話對我影響深遠，我在美國生活將近一甲子，始終不忘他的教誨，因而結交不少外國知心好友。

美國國會在一九五一年通過「共同安全法案」，之後開始對台灣提供民生物資、戰略物資與經濟援助，同時鼓勵學術合作與人才交流。在那個年代，多數台大學生以畢業後出國留學為目標，當年流行一句順口溜「來來來，來台大；去去去，去美國」，就是形容台大學生的留美風潮。

與文學院僅一路之隔的圖書館，是學生課後溫書的地方，那裡在新總圖蓋好後轉型為校史館。當時全校才八、九千名學生，但圖書館座位有限，必須搶占位子。一九六三年我就讀大三時，耕莘文教院落成，我們有時會跑去那裡讀書。

台大學風自由開放，我在校內接觸到很多傑出的教授，似乎有一股無形動力推著我前進；學生們坐在傅鐘下沉思，聆聽鐘聲二十一響，雄心壯志油然而生。

豐富多彩的大學四年，體會台北的美食與育樂

我對台大公館的熟悉度與日俱增，在傅園轉角處的羅斯福路上有許多店家：博士書店可以買到文具、三義小吃店賣水餃麵類，還有蔥油餅早餐店、鐘錶店和郵局。每逢白柚產季，有個老先生會在郵局旁擺攤，我們幾個好友便合買一顆分食。偶爾大家相偕去校外聚餐，我喜歡學校對面的廣東小館，有各式廣炒麵飯、葱油雞、油炸子雞等，我最愛他家的滑蛋牛肉飯，想起來仍覺得齒頰留香。

台大福利社是買零食的好地方，茶葉蛋和花生冰棒只要一塊錢；就在現今行政大樓第一會議室旁，當年小小空間裡有福利社、交誼廳、理髮廳和美容院。國

防醫學院的眷屬固定在週一和週四來收衣服，若不想自己洗可付錢外包，棉被也可付費請宿舍負責清潔的阿姨代洗。

女生浴室在女一舍和女五舍之間的矮房子，洗澡要用大爐灶燒水；宿舍阿姨會先生火，如果水不夠熱，我們得自行添柴火。學校設有燙衣間，熨斗由生促會會長保管，需要的人再找她拿，我們都在這時學會熨燙技巧。

室友朝夕相處，感情好得像姊妹。通勤同學很有人情味，端午節會帶粽子來，讓這群異鄉遊子得以解饞。當年軍訓是必修課，規定要換長褲和皮鞋，帶來帶去極不方便，家住台北的同學幾乎都借放在宿舍，我的好友陳厚麗就讀外文系，她的東西就放在我這裡。大二起的每個星期日早上，我和陳厚麗一起去學日本插花，認識各種流派；後來還一起報名烹飪班，在一位上海老師家的後院學做上海菜。

大二那年，我察覺媽媽的家用有點緊，於是開始兼家教，希望自力更生。大三我幸運拿到全班第一名，獲得一千元獎學金，加上當家教每月能賺兩、三百元，至於學費與住宿費父母已幫我繳交，因此我跟雙親說，我當家教可以自給自足，請不必再給我伙食費與零用錢，他們對女兒的懂事感到欣慰。

大三起，我和歷史系好友拜師孫家勤學仕女國畫。當時畫室有三位畫家，花鳥、山水和人物畫各有所擅，我選擇師從孫家勤老師，他後來成為張大千的關門弟子。我對繪畫沒天賦卻興致盎然，肯關在家中安靜作畫兩天，那種定心潛修與我兒時愛玩鬧的性格有天壤之別。

學校請救國團幫住宿生舉辦假日旅遊活動，我參加過野柳和角板山之旅。我曾跟好友騎單車去碧潭划船，也搭過萬新鐵路小火車，不過這條客貨兩用路線後來停駛了。我和室友加入融融社，因為聽說這社團會舉辦許多踏青與聯誼活動；果然不負所望，入社後我去過烏來烤肉、搭公車上陽明山賞花，增添不少回憶。

大學四年我沒花太多時間去思考未來要從事什麼工作，更談不上什麼理想，我去學習插花、做菜、繪畫，是像許多女孩一樣，夢想遇到一個喜歡的男生，讓自己未來更能勝任相夫教子的角色。

想家的時候，堂嫂做的家鄉味撫慰了我

縱然結交不少好友，我還是會想家。大一、大二課業繁重，北高距離遙遠，若非寒暑假幾乎不可能回去；這時，堂哥堂嫂家成為我的避風港，想家就跑去找他們，還能品嚐到家鄉味。我很喜歡跟在堂嫂身邊，她就像我母親與奶奶的綜合體。

雖稱為哥嫂，其實他們與我父母年齡相近。我父親報考中央軍校後，堂哥桐鳳則考上北京體育學院，專攻體能運動。當初國家替父親先把眷屬送到台灣，父親勸他偕妻小同行。堂哥堂嫂對我的奶奶非常尊敬，與我父母更是感情深厚。

來台灣後，堂哥進入當時的台灣省立師範大學體育系任教，住在師大教職員宿舍，地點就在和平東路，距離台大非常近。我每隔一、兩星期就去他家，那時新生南路是條大水溝，起初我沿著圳路穿過農田走到堂哥家，後來改騎腳踏車就更快了。

身為舊時代女子，堂嫂不曾上學，說著一口山西話，我卻在她身上看見亮點。她和堂哥育有一女二子，他們的長子年齡比我大，但稱呼我姑姑。

由於教授薪水只夠日常開支，堂嫂勤儉持家，用她的巧手改善伙食。她在後院開闢小菜園，種了一壟又一壟的蔬菜，包括茄子、小黃瓜、青椒、番茄、小白菜等，她教我如何照顧菜苗、如何摘採，以及哪種菜如何料理最鮮甜，手把手教我做飯，堂哥則在師大游泳池教會我游泳。

我喜歡在廚房當小幫手，聽堂嫂說老家的故事，看她製作山西麵食和小菜。她做的燙麵葱油餅、石頭餅及炸糯米球，我至今想起來仍口水直流。燙麵葱油餅是以熱開水加入麵粉，做出來的麵糰甜而軟，麵皮薄薄一層，加入豬油和蔥花，先捲後壓再煎，一邊做就能聞到香氣，伴隨著麵粉與青蔥的香甜，口感酥脆。

堂嫂做的石頭餅堪稱一絕，簡單說，就是熱石烤餅。那些石頭比圍棋略小，多數為黑色，是她來到台灣長時間收集的成果，洗淨後用餅乾盒收藏起來。每次看她拿出來使用，我能感受她對石頭的寶貝。

堂嫂把小石頭放進平底鍋加熱，完全不放油；麵糰拌入一點點豬油，揉好擀成薄餅，中間夾一層薄薄的紅糖，然後平放在熱騰騰的石頭上烘烤；餅皮會出現石頭烤黃印子，烤熱後再翻面，得耐心慢慢做，烤好的餅看起來會鼓鼓的。過程中，餅皮漸呈金黃色澤，誘人的甜香不斷散發，約八吋大的餅，我能一口氣吃好幾個。

知道我要回高雄，堂嫂必做一盒餅讓我帶回孝敬奶奶。我嘗試學著做，餅皮始終烤不出那種自然香甜，我猜那是堂嫂靠經驗累積而來的功力。多年後我拜訪山西老家，在市街上買了烤餅，吃起來全然沒有堂嫂做的好味道。

每當父親來探望他們，堂嫂會下廚為他煮碗刀削麵或貓耳朵，再做幾盤清淡小菜，她煮的麵有種自然甜，拌點山西黑醋就很美味。蝦醬滑豆腐是她的拿手好菜，每每令我父親讚不絕口。

我從堂嫂身上看見女性之於家庭的價值，她把生活經營得簡樸、舒適而溫馨。聰慧的她自學認字，拿著報紙一字字慢慢唸，遇到不會就請教堂哥，堂哥也會耐心教她、為她解釋，我若在場她也會問我，從不扭捏。當年，她每日早晨堅持讀完整份《中央日報》再上街買菜，這已成為她的固定作息。

堂嫂兼具從容與勤奮，是賢慧親切的美好女子，她用溫柔與美食撫慰我的思鄉之情。儘管她的兒女沒意願學烹飪，她卻開啟我對做菜的興趣，進一步萌生「我來做做看」的念頭。

我從堂哥堂嫂的相處窺見幸福的身影，他們的生活宛若一杯溫茶，慢慢啜飲悠然有味；也讓我領悟到，能找到跟自己合拍的人，一起作伴、一起生活，那就是幸福。

應邀赴美受訓與訪問，父親責任變得更重大

父親被派往美國受訓及參訪多次，尤其在一九五七及一九五八年，兩度到聖地牙哥美國陸戰隊基地受訓，並在一九五八年至美國陸軍指揮參謀大學進修。

每次從美國歸來，他必為孩子帶巧克力及玩具。有一次，他帶回當年盛行的幻燈機及幻燈片，還為我們拍攝不少美國街景與風景區。另一趟，他買了自動黑膠唱機，以及時下最流行的黑膠唱片，包括貓王艾維斯，以及《窈窕淑女》、《國王與我》等電影原聲唱片。據說當年全台只有兩部自動黑膠唱機，這項禮物確實豐富了我們的音樂生活。跟父親同去美國受訓的軍官，都盡量將每月幾百美

元的生活費省下，因為那筆費用對當年普遍低收入的軍人來說是一筆很可觀的補貼；唯有我父親把錢花費殆盡，買東西帶回來送孩子，母親知道後難過也無濟於事，她瞭解這就是父親的個性。

一九六一年父親升任中將，應美國陸戰隊司令邀請赴美訪問，後來又赴加州聖地牙哥盟軍兩棲作戰訓練班，以及菲律賓美國海軍陸戰隊克拉克基地及琉球基地參訪。此外，美方訓練人員陸續來台交流，隨行家屬住進陸戰隊特別安排的美軍眷舍。當年美軍顧問團在全台各軍種均派有軍事專家顧問，也建有美軍專屬眷舍供其安家。

同年，父親擔任陸戰隊同陸軍師團部分實兵對抗演習「統裁官」，這類陸戰隊與陸軍師級對抗軍演尚屬首次，老蔣總統特乘坐空軍大型直升機到中部山上指揮所視察，聽取統裁官的演習簡報，對演習推演表示讚賞和肯定，這是我父親畢生難忘的榮耀。

老蔣總統赴指揮所視察，聽取演習簡報

隨著升遷，父親承擔的責任益發重大。他不希望孩子覺得跟別人有何不同，因此不准我們乘坐他的配車，除了他的薪水，家裡沒有其他收入，必須省吃儉用，也沒有多餘積蓄，連我們日後出國讀書都是靠獎學金和東拼西湊而來。

我家搬進將軍村，愛上動手燒菜複製味道

我就讀大學後，我家於一九六一年搬進位在高雄左營、有「將軍村」美譽的明德新村將官寓所。明德新村亦是日式眷舍，每家都是獨門獨戶，有紫藤蘭盤捲

的圍牆及大門，父親請人在圍牆四周為奶奶種滿扶桑及玫瑰花，庭院鋪上草皮，並挖了一個小魚池養魚，方便裹小腳的奶奶在院子裡散心。我唯一保存的奶奶照片，就是在院子裡拍攝的。

父親常邀請美軍顧問哈爾賓上校（Col. Harbin）夫婦來家中吃飯，我母親還跟著軍官太太們學英語。放假回到家，我常騎車去買鮮花，幫忙媽媽布置家裡，並為客人播放父親從美國買回的唱片，此舉令他們感到親切。

後來我到美國留學及生活，從不覺得受到歧視，或許跟我家很早接觸美國人、開始體驗西方文化有關。我讀大學那幾年是父親在軍中晉升最快的時光，我們都為他感到光榮。

父親依然長時間待在軍中，我的弟弟們也長大了，大弟勵平到台中讀東海大學，二弟勵明進入陸軍官校，只剩小弟勵德還住在家讀中學。因為我們都不在身邊，總覺得他有點寂寞。尤其是搬到明德新村後，他常獨自去海邊釣魚。有一回他釣到一隻龍蝦，廚房傭人幫忙煮熟後，我們姊弟不敢吃，因為從來沒見過。

每年寒暑假我回高雄明德新村家，或許是受堂嫂影響，我喜歡進廚房，且憑記憶做起堂嫂拿手的燙麵葱油餅，雖然味道不太像；我曾嘗試烤鴨但宣告失敗，整隻鴨被我掛在室外吹風沒想到發臭了；我烤過香蕉蛋糕，可惜麵皮沒發好……。所幸不管我做什麼，三個弟弟都很捧場。

我曾問自己，是因為母親不喜歡下廚，反而激起我對做菜的興趣嗎？不知為何，我能記得吃過的味道，彷彿有本食譜印在腦海裡，我從這時愛上動手燒菜來回味喜歡的滋味。

父親的軍職生涯依舊忙碌，我大三那年，也就是一九六三年，他調到金門擔任防衛副司令。每當他從金門回到台灣，定會前來台大探望我，然後帶著我和室友們進市區上館子。

母親直到我畢業才首度來到台大。因為需要和美國軍官眷屬往來，她每星期修指甲、做頭髮，穿著亮麗得體，並維持窈窕的身材，我的同學都說她看起來高貴又有氣質。受母親潛移默化，留學後我盡量參與美國家庭的社交活動。

那個機械系男生傅衣信，走進我的生活

大學階段曾有男生向我示好，後來也交過男朋友。然而，命運交會的閃光，出現在我父親上陽明山中山樓開會那天。他遇到多年未見的老友，彼此聊起家中近況，對方聽說蘇家有女剛滿二十且在台大歷史系就讀，立刻想起至交傅幹臣的家中，有個台大機械系高材生，當下決定介紹兩個年輕人認識。

在父執輩引薦下，我結識了新朋友傅衣信；第一次見面，我能感覺到他有點手足無措。傅衣信大我一歲，相識那年我升大三，而他升上大四，計畫在當完兵之後出國留學。他在傅家六名子女中排行老三，姊姊和哥哥都留美，後來弟弟妹

妹也相繼到美國拿碩博士。

認識不久，有一天傅媽媽忽然帶著他到我家拜訪，說是前來探望奶奶。此行之後，傅家母子好像認定只要拜訪過奶奶就是和我交往了。來家拜訪時，傅媽媽穿著極為樸素，相比之下，我的母親打扮時髦，看起來風格迥異。衣信雖然儀表堂堂，但有點木訥，出自傳統家庭，不太懂社交，從沒交過女朋友。

傅衣信畢業後抽到海軍，被分發到高雄左營軍區服役，放假時他在左營沒有落腳處，便表達希望來我家借住。我覺得此舉很怪，父母卻接納了他，他和我奶奶、弟弟也變得熟稔。聽說他把我父親收藏的軍事書籍全讀遍，弟弟們都笑說，從沒看過有人如此喜歡讀書。

當我放假返回高雄，會幫忙插花、布置家裡，發現他常微笑看著我，讓我有點摸不著頭緒；很久以後我才曉得，他覺得那時的我格外令他心動。他對我奶奶和父母很尊敬，欣賞我家幾個弟弟，喜歡我家的自由氣氛。每當我從高雄返回台北，他會送我去機場，並掏腰包替我買機票，讓我節省交通時間輕鬆往返。符合我父親所言，是對錢不小氣，有格局的大方之人。

我倆個性很不同，我活潑、會社交、喜歡交朋友，這些他都不擅長，但他從未排斥、干涉、反對或阻止我想做的事情。我們搭配得很好，不僅生活如此，後來在美國經營餐廳亦然。

畢業後我返家休息了兩個月，得知趙樂生與曹德輝都在中研院研究所上班，我決定衝著她們而去，申請到中研院歷史語言研究所助理一職，同時為出國留學做準備。她倆申請到中研院宿舍，我本想跟進，衣信認真地跟我商量：「妳可以住我家！」由於助理薪水不高，我想，住在傅家既能節省開支又能與他家人多認識，便大膽同意。

一九六六年他退伍旋即赴美，開始每週收到他的來信，他的文采動人，我被他的文筆所打動。多年後我才曉得，衣信其實從小學就是演講與作文比賽的常勝軍。我察覺自己很思念他，分離讓我更加篤定這是我想共度餘生的人。

兩度倉惶逃難，大時代的悲歌

蘇傅兩家的男主人都很大方，差別在於傅伯伯嚴肅而權威，我父親有情趣而樂於經營生活。我來自軍人家庭，經濟條件普通，但父母給我們很大的自由；衣信的父母為孩子打造規律的生活及安穩的環境，細心呵護、重視學業。

儘管家庭教育迴異，幸好我們相識於剛成年，又就讀同一所大學，有機會琢磨彼此的家庭觀、事業觀和人生觀，有助於跨越差異。

傅伯伯畢業自湖南紡織學校，曾任大秦紡織廠廠長及申一紡織公司總經理，具有強大專業能力，不僅在工業技術上，也在為人處世上。因教育出四個建中兒子，他被推舉為建中家長會會長，為人慷慨且熱心公益。

我的公婆：傅幹臣與張萬喬

傅媽媽出身書香世家，畢業自湖南大學，在大陸時期，家中叔伯是湖南銀行行長。她把六個孩子照顧得無微不至，全數考上建中和北一女，後來四個兒子全上台大，兩個女兒考上輔大，留美拿到三個博士、三個碩士。

傅家曾經歷兩度倉惶逃難。第一次出逃發生於日本攻打下，傅伯伯因公務而不在家，傅媽媽揹著小衣信，兩手牽著大姊衣仁和大哥衣義，丟下一切帶著三個孩子從湖南逃到上海。

第二次出逃是大陸淪陷，傅伯伯當時從上海去美國買機器，傅媽媽發現時局不對，當機立斷帶著三個孩子南下，後來設法先逃到台灣。等傅伯伯回到中國也察覺不對勁，立刻聯繫美國把機器改寄到台灣，他也費盡千辛萬苦逃過來。

到了一九七〇年代，中華民國退出聯合國之後，他倆擔憂兩岸發生戰爭而決定移民美國。或許有人覺得他們太多慮，若聽過他家的逃難故事，便不難理解為何這般驚懼。傅伯伯說過，當年若稍有不慎，他可能妻離子散，一無所有；傅媽媽也說，當年若有個閃失，可能失去某個孩子，甚至再也無法與夫婿團聚。後來一家人團圓，要歸功命運之神眷顧，而他倆再也不想賭運氣，尤其彼時多數孩子在美國求學和工作，兩老決定移民。

上一代的態度會影響下一代，儘管傅伯伯事業成功，經濟無虞，傅家兒女個個孝順又節儉。衣信跟我說，他三歲生日時正在逃難，媽媽給了他一顆熱番薯。我說：「你母親真愛你。」他回答：「是啊！那時一顆熱番薯都得來不易。」

我想經營溫暖的家，傅媽媽接近我的理想型

自從相識起，衣信常帶我去他家吃飯，創造機會讓我跟他的家人相處。蘇傅

兩家的飲食習慣大不同，蘇家吃麵、傅家吃飯。此外，蘇家清淡多蔬食，我們經常一碗麵配幾個小菜就一餐；傅家豐盛有魚有肉，因為人數多，一餐要做六、七道菜，辣椒與豆豉都用得多。

印象最深刻是有次請客，傅媽媽三天前要我陪她去東門市場買菜，她買了一整條金華火腿、沒有下過蛋的雞、一條大活魚……。她把活魚先養在水盆裡兩天，讓魚吐出髒水，到第三天才做魚丸，那是我有生以來吃過最美味的魚丸了。冰糖火腿只取火腿最好的部位切成薄片加冰糖蒸軟，夾在兩片很薄的麵包之間。那天的宴客酒席，她一共做了十道菜，她對烹飪的喜愛、細膩和講究，以及用市場上最新鮮的食材，都對我後來開餐廳的做菜態度影響很大。

我從小習慣原味清淡，湖南菜用大量新鮮辣椒與豆豉調味，味道偏重，但我依然很喜愛傅媽媽做的菜。我父親被調駐金門，回台北時會特地帶鰣魚送給傅媽媽，這是非常稀有、在市場不易買到的高級食材。鰣魚體型大，通常一次吃不完，她便把魚切成幾段冷藏，每次取一段出來烹煮。

她認為清蒸最能呈現魚肉的鮮美，特地不刮除魚鱗，讓魚鱗豐富的油脂在加熱後，融化在魚肉上。古籍《中饋錄》記載：「去腸不去鱗，用布拭去血水，放盪鑼內，以花椒、砂仁、醬、水酒、蔥拌勻，其味和，蒸之。」指的就是江浙名菜「清蒸鰣魚」。

傅媽媽做的清蒸鰣魚令我難忘，她的作法不去魚鱗只加豆豉清蒸，卻充分呈現魚肉的細嫩鮮美。美食家詩人蘇東坡曾描述：「芽薑紫醋炙銀魚，雪碗擎來二尺餘。尚有桃花春氣在，此中風味勝蓴鱸。」簡直寫到我的心坎裡！傅媽媽用單味料理即襯托鰣魚的美味，愛吃魚的我豈能不敬佩？

即使家有女傭，傅媽媽每天早晨要親自做七、八道小菜，事先把一碗碗稀飯裝好放涼，然後坐在餐桌看大家吃飽出門，她才展開採買與家務。

自從孩子長大，傅媽媽開始學插花、學繪畫、學做西餐，我們之間多了聊天的話題，我還多次陪她去上傳培梅的烹飪課。

我和傅媽媽接觸日深，她很愛護兒女，會營造讓孩子安心生活、放心讀書的環境，當孩子夜歸，她甚至會去公車站等候。這對我是新奇的體驗，我心目中的「好媽媽形象」不斷向她靠攏。和衣信結婚後，我曾多次開玩笑：「我是嫁給你媽媽當媳婦的，我太喜歡這個婆婆了！」

進入中研院歷史所工作，訂婚為出國做準備

一九六五年大學畢業時，父親送給我一本相簿，祝福我能擁有更多像此刻的繁花似錦。他親筆在相簿提上祝詞，並期勉我做個負責任、有作為的人。

中研院歷史所是我的第一份工作，當時尚未進入電腦化，我必須把古書搬出來謄寫和編輯，安安靜靜工作，對我算是游刃有餘。除了歷史系的學生，還有些

考古系同學也一起參與。

下班後，我常跟樂生、德輝相約看電影或逛街，有時則回傅家吃晚餐。這段歲月我過得安逸，美中不足是衣信遠在美國，我既思念他，又享受收到他的情書。不久，他來信提醒我該準備前往美國了。

我的指導教授王任光後來接掌輔大歷史學系主任，並創辦歷史研究所，曾問我要不要到輔大工作。考量自己出國在即，便婉謝了老師。

一九六六年底，衣信在越洋電話裡問我可不可以訂婚，我同意了。他還在美國賓夕法尼亞州匹茲堡的卡內基梅隆大學攻讀冶金與材料科學博士學位，暫時無法回台，於是我們隔空舉行訂婚典禮，席開兩桌，僅邀至親好友參加，此宴算是提前接受大家的認同與祝福。傅家爸媽非常有心，特地在《中央日報》刊登訂婚啟事，讓各界友人知道喜訊。

訂婚後，我辭掉中研院的工作，一九六七年八月飛往美國，到匹茲堡大學攻讀圖書館學碩士學位，這方面的安排我交由衣信全權處理。當時有另一所大學的歷史研究所願意給我獎學金，衣信覺得我對歷史既然欠缺興趣，便鼓勵我勇敢換跑道，攻讀圖書館學這個新領域，不僅畢業後好找工作，又能快速拿到學位，最快一年至一年半能畢業。我想這是不錯的計畫，我實在不是一個有野心、愛讀書的人。

留學所費不貲，對我家經濟是吃力的。母親不會理財，她習慣把所有錢放在一個抽屜裡，有需要就去拿，拿光就知道沒錢了。她和父親瞭解台大畢業出國留學是趨勢，儘管有點拮据，還是擠出五百美元讓我帶著。衣信要他們別擔心，他有不錯的獎學金，他會照顧我。

我戴上傅媽媽從香港買來的半克拉訂婚鑽戒，帶著眾人祝福飛往美國。在那個陌生國度，所有事物全是未知，但我不怕，因為衣信會陪著我一起開啟後續的人生。

這道芝麻香煎大比目魚配上豌豆濃汁，是蘭苑頗受青睞的招牌菜之一

婆婆的芝麻香煎大比目魚

與衣信相識之後，他很喜歡帶我回家吃飯。他家晚餐必定有魚，婆婆總是一早去菜市場買新鮮活魚或大魚片，無論蒸、煎或紅燒，都做得非常美味。如果沒吃完就放入冰箱，魚汁會結成魚凍，第二天早上拿來配稀飯好開胃。我最難忘的是，我爸爸從金門帶回鯧魚送給婆婆，她先把魚切成幾片，不去除魚鱗，只用豆豉清蒸就做得極其可口。

後來，蘭苑餐廳菜單上也推出各種不同的燒魚，例如婆婆的豆豉辣椒燒全魚、香煎大比目魚片，以及香脆松鼠石斑，都廣受顧客歡迎。中國菜喜歡採取全魚做菜，然而歐美顧客普遍不吃有刺的魚，也不會剔魚刺，在烹調前必須將魚骨和魚刺去除乾淨；此外，中國餐廳在煎魚或蒸魚時，喜歡使用傳統薑蔥汁，但歐美顧客習慣獨自吃魚而非分享，魚被當成主菜的機會很多。我燒魚的時候決定改走精緻路線，精心做好魚汁，並配上合乎口味的蔬菜、澱粉菜或五穀雜糧，往往帶給顧客驚喜。

為了迎合美國人的飲食習慣，蘭苑的魚料理約七成採用新鮮魚片（塊），上菜前均淋上不同濃汁，搭配各式蔬菜。這道「芝麻香煎大比目魚」配上豌豆濃汁，是頗受青睞的招牌菜之一。

材料

去皮大比目魚1片，約300至375公克，清洗後用紙擦乾

玉米油3湯匙

紹興酒1湯匙

醬油1湯匙

玉米粉1/2杯，加1/4杯水混合成濃汁，放入大碗備用

芝麻1/2杯，以小火烤香

小番茄、蘆筍、芥蘭適量，以滾水燙熟

香菜豌豆濃汁（📄作法如附）

作法

1. 取玉米油、紹興酒及醬油各1湯匙，倒入大碗中調和。放進比目魚，記得翻面讓魚片均勻浸泡到醬汁，然後放入冰箱。
2. 醃漬4小時後，取出魚片擦乾，再沾滿玉米粉濃汁，灑上烤香的芝麻，放置於盤上備用。

3. 煮沸一鍋水，將蘆筍、芥蘭或其他新鮮青菜汆燙至熟，取出放盤保溫。

4. 以平底不沾鍋加熱2湯匙玉米油，用中小火慢慢煎香比目魚，大約10分鐘即熟，取出放盤保溫。

香菜豌豆濃汁

這是蘭苑餐廳頗負盛名的濃汁，許多顧客一點再點。連不愛吃香菜的朋友都讚嘆：「把香菜與豌豆放在一起，味道真是太妙了！」

材料

紅蔥1個，去皮切碎

小洋蔥1粒，去皮切碎

玉米油2湯匙

越南魚露1/4杯

高湯2杯

冷凍豌豆2杯

芫荽葉（香菜）1杯

作法

1. 在中型不沾鍋內倒入2匙油，放入紅蔥、洋蔥炒香，再加入魚露和高湯，以小火煮半小時；然後加入豌豆，煮10分鐘後關火。
2. 等湯冷卻之後，加入香菜，一起倒入果汁機打成濃汁。
3. 使用細網勺過濾，放進有蓋的容器中，若做得較多可放冷凍庫保存。

擺盤

1. 魚煎好後，將豌豆濃汁以微波爐加熱。
2. 先在盤中淋上熱豌豆濃汁，接著擺放番茄、蘆筍、芥蘭等蔬菜，最後再放上帶有芝麻的香煎大比目魚。

第三篇

初探美國與成家

1967～1972

赴匹茲堡大學，轉換跑道攻讀圖書館學碩士

我在一九六七年八月底前往匹茲堡大學攻讀圖書館學碩士。我有自知之明，知道自己不是事業型女性，沒有非做什麼不可的企圖心，當我決定和衣信共度一生，我願意輔助成就他的夢想。我留學的年代，正逢美國各級學校積極擴張，需要大量圖書館，而電腦化又剛起步，圖書館的科學管理邁入新紀元，因此身為專業人士很容易找工作，那也是美國教育普及、朝向文化發展、智慧價值被高度重視的好年代。

我一出海關就看到衣信，所有的忐忑不安在那一瞬間全部退散。當他接過行李，牽起我的手，我知道，一個全新的未來在等著我。

衣信幫我查過匹茲堡大學的研究所宿舍，圖書館系已經沒有名額，但護理系尚有空缺；考慮到我註冊晚，又對環境不熟悉，儘管學生宿舍比校外租屋昂貴，

他仍為我預訂了房間，讓我安心入住。匹茲堡大學距離卡內基梅隆大學非常近，走路只要十幾分鐘，我們可以頻繁見面，總算解了相思之苦。

能住進護理系的宿舍算是相當幸運，然而，我極不適應學生餐廳的伙食，每道青菜都燉得糊爛爛，玉米、菠菜全是罐頭食品，向來不挑嘴的我都覺得難以下嚥。因為吃不習慣，加上英語口說能力不太好，入學前三個月我過得很悶，鮮少與人交談，情緒也比較低落。

當時圖書館研究所還有五位來自台灣不同大學的女孩，她們比我早報到，一起在校外租屋；聽我說起學生餐廳的伙食，覺得我太可憐了，紛紛說要煮點東西請我吃。我一聽眼睛就亮了，興奮地說：「請我吃炒飯吧！有炒飯我就滿足了！」她們笑到不行，說Susanna真是太可愛了。

沒課的時間我都待在宿舍，花很多時間讀書，偶爾會看電視練習聽力。我第一次到宿舍客廳看電視，碰巧播放茱莉亞・柴爾德（Julie Child，一九一二～二〇〇四）專門介紹法國美食的烹飪節目「法國大廚」（The French Chef）。此人是美國的知名廚師、作家兼電視節目主持人，二〇〇九年由梅莉・史翠普主演的電影《美味關係》（Julie & Julia）正是以她為藍本拍攝的。

我很喜歡茱莉亞・柴爾德的節目，只要有空就收看，她教做菜的態度隨興而輕鬆，有一集整隻雞掉地上，她撿起來擦一擦就繼續，我看了無比開心，結果讓我的心情和英語能力都大為加分。世事多奇妙，我做夢都沒想過二十幾年後我竟然認識了這位明星主廚，不僅上了她的節目，還去她家作客。

感恩節與聖誕節初體驗，加入接待家庭計畫

剛到美國時，覺得這個國家真富有，到處有用不完的白紙，連丟垃圾都有專用垃圾袋。可能因為從小家裡會宴請美國軍官夫婦，我對外國人沒有恐懼感，加

上謹記王任光教授的叮囑，我誠摯地跟美國人打交道，認真融入他們的社會，果然交到不少好友。

我結識一位叫做寶拉（Paula）的美國同學，她性情好又可愛，熱情邀我去她家過第一個聖誕節。她來自一個義大利大家庭，十幾口人非常親近，每一位都長得胖胖壯壯，而且笑咪咪，在她家過節讓我感受到家庭的溫暖。她的奶奶與媽媽在廚房準備了兩天，就為了做出一頓最豐盛的聖誕宴席，但所有男生端著餐盤、盛滿食物，全擠到電視機前面觀看足球賽，還不時隨著賽事激動大叫。我們一群女生則開開心心坐在餐桌前聊天，快樂享用烤火雞、煙燻火腿、義大利麵、馬鈴薯泥、甜菜、燉菜和各式焗烤美食，我吃得超級過癮。

後來，我們加入學生接待家庭計畫，這是學校為外籍生安排的接待方案，由在地家庭幫助外國學生瞭解美國的風土民情，並協助解決因語言不通所遇到的生活難題。我照舊住在護理系宿舍，衣信一樣和同學在外面租屋，但假日經常會有接待家庭給予我們關懷，邀請我們參與他們的家庭活動。我被分配在一個猶太家庭，衣信則被分配到中產階級家庭，這兩家都非常友善。

照顧我的接待家庭是烏科維奇（Vukovic）夫婦，烏科維奇先生是一位律師，夫妻都是猶太人，育有六名子女，分別就讀高中與大學。猶太人不過聖誕節，但過感恩節，我到美國第一個感恩節便受他們之邀，要我帶衣信去他家一起過節，從此，每年感恩節他們都熱情邀請，成為我們固定相聚的快樂時光，直到衣信取得博士學位，我們搬離匹茲堡為止。

烏科維奇家極為寬敞，餐廳布置高雅，餐桌是可容納十人的長桌，中央插著鮮花與蠟燭，雕花桌布搭配著銀器餐具。一家之主負責在桌邊切大火雞，孩子們主動幫媽媽把菜餚端上桌，全家和樂融融。這是我第一次和美國家庭共度感恩節，令我震撼的不只是豪華氣派，而為他們的隆重態度所感動，因彼此看重而用心準備，既成全了節日儀式，也維繫了家人情感。

費城與匹茲堡分別是賓州的第一和第二大城，開車約需五小時。烏科維奇夫婦期盼我能獲得更多美好體驗，有一回請我和衣信同去費城最知名的龍蝦海鮮餐廳布克賓德（Old Original Bookbinder's）用餐。這家餐廳頗有歷史淵源，最早可追溯至一八九三年由荷蘭猶太移民塞繆爾．布克賓德（Samuel Bookbinder）所開設的牡蠣吧，以龍蝦和布克賓德湯而聞名。客人須著正裝出席，但進餐廳得先繫上龍蝦圍裙才不會弄髒衣服，離開時可將這條圍裙帶回做紀念。

在此之前，我從未吃過一整隻龍蝦，所以極其難忘。我只是來自異國的年輕學子，烏科維奇夫婦卻對我慷慨而熱情，感恩之餘也令我感慨，美國確實是泱泱大國。

衣信分配在一個年輕的中產階級家庭，我忘了他們的姓氏，只記得男主人在美國鋼鐵公司任職，育有六歲和八歲的可愛女兒。這對「鋼鐵夫婦」為人親切，常邀我們去家裡吃飯，還常開車來學校接我們同去野餐。在匹茲堡那幾年常受他們照顧，兩家也結為朋友。我生第一胎時，他們一家四口特地前來探望，兩個小女生還帶了一隻狗熊玩偶送給小寶寶，這份情誼令我們感念不已。

在與這兩個接待家庭接觸的過程裡，我們慢慢適應並融入美國生活，我想，這是畢業後能從容步入社會的因素之一。

「結婚吧！」與其各自吃苦，不如相互取暖

我沒看走眼，衣信確實是大方之人，不僅沒把錢財看得重，他對至親與所愛的好，是一種潤物細無聲的感情，情出自願，很自然地為對方設想，悄悄將一切打點妥當。

在我赴美留學前，他將自己帳戶裡的所有美金轉到我名下，請銀行出具一份財力證明給匹茲堡大學，證明我有經濟能力完成學業。他默默做了此事，甚至沒

讓我父母知道，因為他承諾過會照顧我。

物質生活匱乏令精神生活更顯重要，我到美國隔年衣信向我求婚，他希望成為我的另一半，與我共享人生。一九六八年四月二十二日，我們在匹茲堡亨氏天主教堂（Heinz Memorial Chapel）結婚，婚禮簡單而隆重，儘管我倆還沒畢業，也沒有家人從台灣來參加婚禮，但幸福感絲毫不減。當天我穿上母親從台灣寄來的婚紗，而父親的美國陸戰隊好友哈爾賓上校特地從維吉尼亞州飛來替我們主婚，牽著我的手走紅毯，代替父親把我交給衣信。哈爾賓夫婦曾被派到台灣協助陸戰隊，是父親最親近的顧問好友，在台期間經常來我家做客，我母親也每星期同哈爾賓太太學英文。

1968年在美國匹茲堡結婚

哈爾賓上校代表父親牽著我的手走紅毯

結婚當天，我和衣信非常開心。他最要好的兩位台大同學親自來參加我們的婚禮，我的超級閨密趙樂生在馬里蘭州巴爾的摩讀書，也飛來當我的伴娘。愛情與友情滋潤了我們，這一年，他二十六，我二十五。

留學生阮囊羞澀訂不起餐廳，便由圖書館研究所幾位女同學做菜，在我們租的新家與觀禮親友小聚。我們在校外租下一間破舊小公寓，客廳地板有個大洞，廚房非常窄小。衣信雖有獎學金，但在幫我繳交部分學費後，手頭已沒有多餘的錢，必須撙節度日，我們儉省又甜蜜地度過那段新婚時光。

衣信是很好的伴侶，儘管木訥內向卻十分可靠。而我想做他生命裡的陽光，我會帶著他參加社交、陪他朝目標前進，讓他過得更愉快。我告訴自己，這是我做為他妻子的使命，我希望他一天比一天更快樂。

婚後不久，父親在海軍陸戰隊的一位好友到匹茲堡看我，回台向我雙親轉述新房的模樣：「蘭蘭住的房子好破舊，地板還有個大洞。」母親聽了心疼地哭了，她知道留學生生活辛苦，但總覺得是奔向理想，苦盡就會甘來，她沒想到女兒會過得如此窮困。我寫信跟她說：「這樣的日子其實很不錯了，大家讀書都很節省，畢業拿到學位就可以做事……」

一九六八這一年，蘇家氣氛低迷，因為我們敬愛的奶奶過世，享壽八十七。噩耗傳來，我因機票太貴而無法回台灣。想起我去讀大學前，奶奶認為我畢業應該嫁人，壓根沒想到我會到美國。我懷念她的麵食、餃子，以及同她一起待在廚房的時光。

初遇職場霸凌，頓悟後決定返回匹茲堡

抵達美國半年左右，移民局來信問我要不要申請永久居留權，雖有點意外，想想似乎沒有損失，我便申請了；我什麼都沒做，竟在畢業之前拿到許可，因此

可以沒有時間壓力地在美國找工作，且過程相對順利。衣信看我做了申請，他決定跟進。這是早年美國政府厚待留學生的做法，如今已不復存在了。

王任光教授說過，美國小鎮與主要大城很不同，如果有機會，很值得去瞭解他們的生活。這番話我牢記在心，想去體驗看看，找工作時便特地留意了鄉下小鎮。我用一年時間拿到匹茲堡大學的碩士學位，畢業便去了賓州北部，麥基恩郡的布拉德福德小鎮（Bradford, McKean County）圖書館上班，租屋住在房東老太太的樓下，與衣信再度分隔兩地。

布拉德福德在賓州是相對較窮困的小鎮，人口不足一萬，也沒有工業發展，寒冷的冬季長達四個月，當時小鎮裡除了我沒有其他華人。我所服務的布拉德福德圖書館非常迷你，連館長在內只有四名館員，這是開放給鎮民使用的匹茲堡大學圖書分館，旅遊書和小說最常被借閱，但也有專業書報。這個時期美國智能發展飛躍，很多人願意看書增加知識，我除了幫助民眾找書、辦理借閱，還負責替新書編目、製作卡片，這形同書籍的身分證，必須歸類正確，這些任務我可以做得很好。

工作忙碌不打緊，真正令我困擾的是館長的態度，她是未婚的中年單身婦女，覺得館員必須無條件服從她，常常要求我加班，為人有些刻薄。還有一位男館員特別愛打小報告，使工作氛圍烏煙瘴氣。這份工作帶給我壓力，延後下班的我必須隻身走在冷清清的街道，常得忍受醉鬼或無聊男子的搭訕，這樣的情況令我害怕又生厭。

衣信每隔兩週會開四小時的車程來看我，儘管想跟他見面，卻又擔心他在下雪天長途駕駛的安危。在忍耐半年後，有一天我徹底覺悟，想通這份工作不值得我遠離丈夫，於是決定盡快離職。

就這樣，我結束了第一份全職工作，回到匹茲堡。這是我在美國第一次覺得自己被欺負，用現代的標準衡量大概就是職場霸凌，但我覺得是自己運氣不佳，遇到不明理的主管，並未將問題升級為種族歧視，這個事件沒有打擊到我在美國工作的信心，換言之，我並不後悔來到這小鎮。這是一個經驗，一個成長的過程，我決定在匹茲堡繼續謀職。

留學生的聚會，結識毛高文夫妻

誠如衣信所言，圖書館研究所畢業很容易找工作。我搬回匹茲堡不久，一九六九年四月在賓州卡羅學院圖書館找到工作，這原本是一所天主教女子大學，後來也招收男學生。大學圖書館的學術氣息濃厚，我很喜歡。

我有一份薪水，衣信有全額獎學金，我們的手頭寬裕許多，終於能稍微改善居住環境。我們在松鼠丘（Squirrel Hill）租了間一室一廳的房子，新家位在熱鬧的猶太人區，附近有雜貨店、珠寶店、糕餅店等各式小店，生活機能很不錯。

閒暇時，我倆會選一條街散步，輕鬆地欣賞櫥窗，或買點好吃的打打牙祭。我們都愛巷口對面新開的貝果店，它的味道很像我奶奶用鐵鍋烙烤的麵餅，當然，作法是不一樣的。我開始在廚房燒菜，用傅培梅及留學生的海外食譜學做菜。

市場上，豬肉、雞肉和青菜都非常便宜，只有牛肉比較貴，我們捨不得買。賓州有不少台灣留學生，其中又以匹茲堡和卡內基的碩士、博士生居多，他們漸漸習慣在週末來我家聚會，一起包餃子、打橋牌、下圍棋，他們也喜歡我燒的中國菜。我不敢自誇手藝多好，留學生吃慣學生餐廳的罐頭菜，來我家能吃到培根炒飯、水餃、麵條、從食譜上學做的菜，大家都非常開心，頻頻稱讚這就是家鄉味。我們家變成最受匹茲堡留學生歡迎的週末聚會之所。

這段時期是我到美國後，過得最安穩、最開心的日子。我們往來的好朋友裡，包括衣信的學長兼知己毛高文，以及他的太太金梅琳，我們的友誼維持了很長的歲月。毛高文學長後來成為清華大學校長、教育部部長，以及考試院副院長，是對國家社會有重大貢獻的學者。

衣信買了一輛新車，常開車載著我四處兜風，或到較遠但便宜的市場採買，權當散心兼省錢，其實是小倆口的生活樂趣。有一次車子開到半途忽然熄火，我們正納悶新車怎會故障，檢查後才發現，原來是忘了加油，我忍不住哈哈大笑，沖淡了他的尷尬。我們雖沒有財富，但過得很開心。

我還發現一件事，這個聰明的男人在生活上其實有點小迷糊，經常忘東忘西，尤其常找不到車鑰匙和眼鏡。知道難以改變之後，我盡量不在細節上計較，一笑置之便罷，若實在很關鍵很重要，提醒他就好。

很多年後，有一回我們夫妻和婆婆、大姊、大姊夫一起出門，婆婆突然想起忘記帶什麼，轉身要回家拿。大姊夫笑著跟衣信說：「你姊忘東忘西，原來是遺傳！」我憋著不敢笑出聲，很想告訴姊夫：「衣信也有遺傳到這一點！」

挺著超大孕肚上班，迎接長子誕生

多數年輕夫妻會考慮避孕，比較煩惱的是，我對避孕藥過敏，吃了渾身不舒服，甚至出現亂經和腹痛，最後只好作罷。

我很快就懷孕了。我從小是健康寶寶，除了痛經，身體向來狀態良好。事實證明，健康是最大財富，我果然成了無敵孕婦，整個孕期強壯又順利。我工作的校區和圖書館位在山丘上，我每天來回走山坡路，絲毫不覺得有負擔。

孕期裡我胖了三十磅，十三．六公斤彷彿都掛在肚子上，我每天挺著圓滾滾的超大孕肚在圖書館裡走來走去，有時踮起腳尖拿取架子上的書，有時扛著厚重精裝書放回書架，同事們都看得膽戰心驚。我的館長是一位紳士，他很擔憂我會在上班時間突然臨盆，因此老是問：「Susanna，妳要不要回家待產？」我總是笑嘻嘻回答他：「不急！」看他一臉緊張的模樣真的很好玩，我也很享受同事們的關心。

我不想請假待產，一來因為身體狀況良好，二來因為我想上班賺錢，我們需要多存一點錢，為還沒出生的寶寶做好準備。

我們的長子傅冠銘一九七〇年二月出生於匹茲堡大學醫學中心的馬吉婦女醫院（UPMC Magee-Womens Hospital），英文名字叫Gabriel，雙魚座的他有九磅十一盎司重，也就是四千三百九十四公克，塊頭比很多白人寶寶都大；成年後他的身高果然沒讓人失望，超過一百九十公分。

因為嬰兒太大，為了幫助產程順利，我的婦產科醫師做了會陰切開術，那種延續到產後的疼痛，令我在醫院住了兩星期。不過，當我抱到兒子之後，覺得那疼痛不值一提了。

外國人不時興坐月子，我自恃健康良好並不在意，實際上也不懂產後如何調理，一心只想重回崗位、上班賺錢。

我們提前幫小冠銘找到一個美國保母，剛出生明明很乖巧的小嬰孩，居然每到深夜就嚎啕大哭整晚，衣信和我不得不輪流起來抱著他哄，我們不知道他是不是病了，著急得手足無措。

直到有位朋友帶她的兒子來看我，讓我忽然警覺，同樣是小嬰兒，朋友的寶寶眼神靈活，冠銘卻顯得呆滯。我開始留意，發現冠銘白天都在睡覺，而我家電話費暴增，因為保母幾乎都在打電話聊天。我懷疑她很可能給寶寶吃安眠藥，顯然這不是稱職的保母，必須趕緊換掉。

搬重書傷了腰，緊急回台灣針灸治療

有一天我在上班時搬重書，不慎閃到腰，起初我不以為意，後來腰背疼痛，竟惡化到直不起身，不得不請假甚至辭掉工作。我打電話回娘家提起此事，父母要我趕緊回台灣治病。父親替我找到一位非常有名的鄭姓中醫師，眼盲卻是針灸高手，治癒過不少人。

跟衣信商量後，我決定立即回台灣治療。他送我和孩子去機場，一路上，我為能回台灣見到父母而雀躍。

早在我出國留學前一年，也就是一九六六年，父親從金門防衛副司令調任警備總部副司令兼軍管區，這是他最後一道人事令。因他職務調動，我娘家已從高雄左營搬到台北天母。一九七〇年我回到台灣整整待了四個月，經雙親的照料及鄭醫師的針灸，我的腰痛痊癒，恢復健康如昔。至於小冠銘自從回到台灣，在外公、外婆的逗弄下，每天眼珠子骨碌骨碌轉，還會咯嘰咯嘰笑，活潑得不得了，作息也十分正常，等我要返回美國時，兩老依依不捨，尤其是對可愛的小外孫。

治好腰痛的我抱著小冠銘上飛機，這是我第二次離開台灣，心態上與第一次截然不同，這次沒有忐忑只有期待，感恩雙親給我的照顧與後盾，同時盼望趕緊和丈夫團聚。衣信說他的論文寫得很順利，討論後決定我暫不謀職，在家專心照顧寶寶。少一份收入，日子自然比較清苦，但我們很清楚，等他一畢業可能因工作而離開匹茲堡。

這段期間衣信忙著準備畢業論文，只靠衣信的獎學金，加上有個不到週歲的小冠銘，我們的生活大幅改變，幾乎以兒子為中心，再也沒有兩人世界的無憂無慮，也很少和大家團聚，週末有空就開車帶著冠銘到處走走。看他慢慢長大，會的本事愈來愈多，這是我們當時最大的快樂。

我畢業後在圖書館工作了兩年，老實說，這並非我的興趣，我始終覺得圖書編目有點枯燥，我不確定要不要一輩子做下去。但我從不認為改讀圖書館學是錯誤決定，相反地，我覺得這是很棒的訓練。在研究所期間及實地工作中，我學習如何將資料予以整理、組織和系統化，這項能力可以運用在許多地方，例如對我後來經營餐廳、管理廚房、撰寫食譜等，都發揮深遠的影響力。

換言之，圖書館學雖然沒能讓我成為一名圖書館員，但給予我思維訓練與資料內化的能力。日後，面對不曾學過的領域或專業，往往能順利自學，摸索出一番理解，進而整理出自己的心得。

移居佛州塔拉哈西，紅龍蝦餐廳打工初體驗

當衣信的博士生涯接近尾聲，我能想像，他會謀取一份不錯的教職，我們可能到不同的城市生活，我也會在那裡展開新工作。看著小冠銘愈來愈活潑聰明，衣信與我揚帆待發，對未來滿懷憧憬。

一九七一年，衣信取得卡內基梅隆大學冶金與材料科學博士學位；同年八月他應聘到佛羅里達州立大學擔任工學院副教授。我們向南遷移，從賓州匹茲堡搬到佛州塔拉哈西（Tallahassee），住進一間有兩房的公寓。

我們重新調整生活步調，副教授的月薪將近一千美元，缺點是一年裡有三個月沒薪水。那三個月是暑假，衣信白天仍要去學校做研究，我在家負責帶小冠銘；晚上我和朋友去打工，他接手當奶爸。我們暫時不找保母，打算等孩子大一點我再去找全職工作。

來到塔拉哈西的第一個暑假，我和鄰居相約去紅龍蝦餐廳（Red Lobster）打工當晚班服務生，下午四點到班，晚間九點多下班。我想做什麼，衣信從不反對，只擔心我懷孕是否吃得消——來到佛羅里達不久，我又懷孕了，第二胎依然不在規劃之中，但有前一次的經驗，既來之則安之。

二戰之後，龍蝦被炒作為上等海鮮，我去打工的時候，美國剛掀起以吃海鮮為時尚的潮流，紅龍蝦餐廳是塔拉哈西開設的第三家海鮮餐廳，幾乎天天座無虛席，這家餐廳後來發展為連鎖體系，在美國每個城市幾乎都開遍了。

我們這群新進人員接受為期一週的外場職前訓練，隨即正式上工。餐廳生意好得驚人，服務生一晚能拿到十五至二十美元的小費，而在一九七〇年代一瓶可口可樂只要五分錢，一個現做漢堡也不過二十五分，因此這筆小費相當可觀。在擔任晚班服務生的過程中，我學習到餐廳前台的各種工作，並對廚房出菜流程建立了基本認知。

我下班回到家，一整晚沒看到媽媽的小冠銘，見到我總是又抱又親，我好愛這個甜蜜的小傢伙。他喜歡抱著我圓圓的肚子滾來滾去，我的口袋裡有餐廳剛發的小費，其中不少是二十五美分硬幣。他把這些銅板掏出來亂數一通，叮叮噹噹伴隨童言童語，成為我們夫妻閒話家常的背景音。

有「陽光之州」美稱的佛羅里達位在美國東南部，塔拉哈西是州府所在地，天氣型態有點類似台灣高雄，不過緯度較高、氣溫較低，冬季真正寒冷的日子不多，是很適合居住的好地方。我家到海邊約半小時路程，週末有空我們常帶冠銘去海邊，任他玩沙子、踢海浪、找小螃蟹。當地居民拿漁網朝海裡一拋，輕輕鬆鬆就撈到海蝦。衣信好奇拿來棉繩，一頭緊緊綁上雞脖子，垂入海中，居然成功釣到螃蟹，小冠銘興奮得咿咿呀呀。

塔拉哈西有一條大道通往喬治亞州州府亞特蘭大，道路兩旁種植著美洲山核桃，成熟後會有橢圓形淡褐色的乾果。每到秋天成熟季節，我和友人會帶著小孩到樹下撿拾掉落的乾果，回家敲開取出種仁便是好吃的山核桃，有時還會照著食譜烤美國南部有名的核桃派。

美國南方民風純樸，我們在塔拉哈西過得相當愜意，但有一次在偶然間，我意識到種族隔閡依然存在。那回我們帶小冠銘去迪士尼樂園玩，搭乘園區小火車時，發現每節車廂都擠滿了人，唯有一節車廂空蕩蕩，我們上車才發現，車廂裡有一個黑人家庭，所以白人拒不上車。那個瞬間我深刻感受到種族歧視的存在。

兩年後，我再度感受到種族隔閡，但這次來自於黑人自己的抗拒。一九七二年我們要搬回台灣之前決定把汽車賣掉，當時已談妥價格，我想請黑人買主進屋裡喝杯茶，他們很客氣地婉拒了，只坐在我家走廊上和衣信談話。我想，一九七〇年代的社會環境，美國南方的黑人制約了自己，盡量不和其他人種接觸以免惹麻煩，這現象令我很難過，人不是應該生而平等嗎？

加入迎新俱樂部，第一次當女主人宴客

在塔拉哈西的歲月，白天我常帶冠銘去公園玩，鍛鍊他的肢體靈活度，也鼓勵他跟其他小寶寶打交道。與此同時，大人也需要交朋友，我們選擇加入當地的迎新俱樂部（Welcome Club）。

為了盡快融入在地，我們一搬到塔拉哈西便加入當地的迎新俱樂部。美國許多城市都有這個社團，其成立宗旨是歡迎並協助剛遷入的新家庭。我們確實在社團中認識並結交不少新朋友。

我和衣信還參加一個小型美食俱樂部（Gourmet Club），這個團體共有六對夫婦，只有我們來自台灣。每個月成員會輪流在家作東，宴請其他成員並把每道菜的食譜分享出來。

輪到我們家請客的那個月，我足足準備了兩個星期，這是我第一次當女主人正式宴請美國客人。我做的是中國菜，但依循美式用餐禮儀，包括刀叉、湯匙、餐盤、餐巾的擺放，以及桌布與餐桌擺飾的配搭，還有上菜順序的安排等，無不戰戰兢兢。我甚至擔心公寓的用餐空間狹小，會令客人感到不自在。

事實證明我多慮了。那天我做了春捲、餃子、酸辣湯、宮保雞、啤酒鴨等，這些菜色在美國人眼裡是經典中國菜，客人都吃得很盡興，大家更成為好朋友。每次聚餐女主人要把當天所有菜的食譜印給大家，我也從團體中學到許多美國菜的作法，這次的經驗對我堪稱「實戰中學習」。在美食俱樂部期間收集的所有食譜，直到我開蘭苑餐廳還妥善保存著。

那天所有菜餚裡，以春捲最受歡迎，大家竟然都是第一次吃到春捲，個個為之驚豔，頻頻討論裡面包了哪些食材。我針對春捲內餡做了調整，放入豆芽與蝦仁，口感變得更加清爽，當天所有賓客沒有人不愛這一道。後來，我還在美食俱樂部裡做過甜酸蝦、紅燒肉，夥伴們都讚嘆美味至極。

做菜是我的興趣，但仍需要被鼓勵。感謝衣信長年的讚美與肯定，美食俱樂部的好友們也替我的信心添磚加瓦。美食拉近我們與新朋友的距離，讓我們輕鬆自在地融入塔拉哈西。

「露西何」餐廳的創業故事，帶給公婆靈感

溫斯頓邱（Winston Chiu）與他的妻子凱瑟琳邱（Kathrine Chiu），是我們在塔拉哈西的鄰居兼好友，他們也是來自台灣的移民，比我們早一年搬到這裡。

溫斯頓微胖和善，凱瑟琳則長得很美，他們夫妻都很喜歡小孩，對著小冠銘總是笑嘻嘻。

凱瑟琳接受日本教育，性情溫柔又賢慧，烹飪技巧尤其出色，我們兩家經常聚會。塔拉哈西的海鮮非常便宜，一大袋帶殼牡蠣約五十個，竟然只賣七塊半美元。溫斯頓夫婦常拎著一大袋牡蠣來按門鈴：「E-Hsin、Susanna，快把啤酒拿出來！」兩家就共度喝啤酒、吃海鮮、逗小孩的夜晚，兩個男生侃天侃地特別放鬆，常聊到深夜還欲罷不能，我得回房哄小冠銘睡覺，體貼的凱瑟琳還在一旁繼續撬牡蠣殼，一句抱怨也沒有。

溫斯頓移民美國後，一直苦思要做什麼。當時在塔拉哈西只有一家賣炒雜碎的廣東館子，菜做得普通，因為缺乏性質相近的競爭者，生意還過得去。後來溫斯頓、凱瑟琳和姊姊露西何（Lucy Ho）、姊夫決定聯手開一家中國餐館，餐廳取名「露西何」，經營由溫斯頓夫婦主導。

他們只花一千美元裝潢，為廚房購置了三個炒鍋，店內約有五十個座位，桌椅都是大學淘汰的二手家具。這家新餐廳簡樸地開張了，誰也沒料到居然門庭若市，天天客滿。凱瑟琳負責廚房，她做的中國菜正宗且道地，當地人非常喜愛。週末假日訂單客滿，餐館人手不夠，忙到來不及出菜，凱瑟琳常常請我去支援炒菜。我還記得當時蒙古牛肉、宮保雞、木須肉、甜酸雞的點菜率最高。

我對溫斯頓與凱瑟琳的勇敢創業大感佩服，他們的故事讓我更加相信，美國遍地機會，願意吃苦的人定會有所成就。

我本以為衣信會長期待在塔拉哈西任教，從事教學與研究工作，我們可能就此在佛羅里達長住，經營自己的小家。孰知不過兩年時間，我們就離開了這裡。

倒是溫斯頓邱的創業故事，隨後開始發酵，影響了我的公婆。公婆移民美國後，因為無聊也一直在想可以做些什麼，兩年後決定做道地湖南菜來打發時間，沒想到後來會做得那麼成功。

母親來美國替我坐月子，父親軍旅職涯漸入尾聲

我懷第二胎的時候，生活狀態比懷第一胎好一點，但還不算安定，所幸我年輕又健康，孕期沒吃到苦頭。在我生產之前，我的母親已經來到美國，她不想再見到我因為沒坐月子而傷了身子，於是提前來照顧我。母親向美國軍官太太學過英語，自己搭機、買菜、問路，溝通完全沒問題。

一九七二年四月，為慶祝結婚週年紀念日，衣信請我和母親去吃牛排，當晚回到家我開始陣痛，隔天小兒子傅冠釗報到，英文名字叫Jimmy，是出生在佛羅里達州的牡羊座寶寶。

冠釗的塊頭比哥哥更大，九磅十三盎司，也就是四千四百五十公克，長大後身高也超過一百九十公分。冠釗的性情很牡羊座，從小爽朗率直，像個小太陽，他是全家的開心果，從來不哭，我母親總愛喚他「小豆豆」；長大後的他很容易

結交朋友，人緣極佳。

再度為人母，讓我對母親有了更深的情感。母親為我張羅產後飲食，並幫忙照顧剛出生的小嬰兒，讓我得以好好休息，坐完月子後，我的體力和元氣都恢復了，重新擁有健康的好體質，衷心感謝我的母親。

塔拉哈西民風不錯，當地人都誠實正直，我們所待的環境是中上層社會，治安良好，就算忘記鎖門也不必擔心，還能放心讓孩子獨自在戶外玩耍。如果日子就這麼持續下去，或許我會重拾圖書館工作，當個職業婦女，組織一個雙薪家庭；衣信教書我上班，讓兩個兒子在大學城周邊成長，一家四口應該也能譜出幸福的故事吧！

然而，我們待在這裡的時光不到兩年。如今回憶起來，這段平靜無波的短暫停留，像是上蒼賜予我們喘息的機會，而好友溫斯頓夫婦創業開餐廳，更像上蒼隱隱給出暗示，替我們的未來埋下伏筆。

父親一生最大的夢想是成為海軍陸戰隊司令，一九六六年被調回陸軍當軍長，後調任金門防衛副司令，一九七〇年警備總部的派令下來調為副司令，他心中大致有譜，知道今生大概無法圓夢了。一九七三年，六十歲的他脫下穿了四十二年的軍服決定退休，重新做回平頭百姓。我的父親行事正派，曾得罪不少人，他擁有事過無悔的豁達心性，從未憤懣，常說他這一生非常幸運，從一個鄉下農家子弟能做到陸軍中將。不過，他曾多次告誡兒女切莫參與政治，以免到頭來無法控制自己的命運。

父親本就熱衷運動，對高爾夫、籃球、健走都很喜歡。退休之後，他經常和朋友相約打高爾夫，每日早上健走，陪妻子去菜市場，偶爾打打牌，日子過得優閒自在。此外，終於可以自由出國，每兩年帶著母親到美國探望孩子們，這時他們已升格為阿公、阿嬤。父親適應力良好，到哪都可以安身，但是母親還是喜歡住在台灣。

匹茲堡的培根蛋炒飯

婚後，衣信還在攻讀博士，而我碩士畢業就開始工作了。住在匹茲堡時，週末經常有台灣留學生來家裡玩，大夥兒聚在一起說說國語，聊聊家鄉事，就足夠開心了，而我做的這道培根蛋炒飯是他們最喜歡的食物，每每吃到一口不剩。

做炒飯時，我喜歡用壽司米，剛煮好的白米飯香氣濃郁，略帶自然甜味。雞蛋必須拌炒至熟呈淺金黃色，我還喜歡加入培根一起炒，它本身會釋放出煙燻香氣，培根的油脂還會賦予米飯更濃郁的味道。我習慣把蔥花放到最後才加，以此提味；番茄則能增加新鮮感，讓炒飯的顏色更漂亮。

培根蛋炒飯是留學生聚會時最喜歡的家鄉味

材料

壽司米1杯

玉米油（或淡橄欖油）2湯匙

培根5片，切成0.6公分寬的條狀

雞蛋4顆，用筷子打散備用

洋蔥1小顆，切丁

青豆1/2杯

青蔥2至3根，切成蔥花

番茄1顆，切丁

做炒飯我最喜
歡用壽司米！

作法

1. 將壽司米洗淨，加1杯水，用電鍋煮成白飯。煮好後，翻動米飯使之鬆散。
2. 用大型不沾鍋，開中火，放入培根翻炒至微帶金黃，將培根先盛出，油先留於鍋中。
3. 開大火，再加1湯匙油，倒入洋蔥拌炒3至5分鐘，等釋出香氣再倒入雞蛋，輕輕翻炒。鍋鏟持續翻動，直到雞蛋炒熟呈金黃色澤。
4. 將米飯、培根、青豆倒入鍋中，翻炒使米粒分散，所有食材充分混合。
5. 翻炒5分鐘後，添加蔥花和番茄丁，輕輕拌炒。
6. 加入白胡椒和鹽，適當調味。

（本食譜可供應2人份的午餐，或搭配其他菜色供應給4至8人食用。）

第四篇

從學術走向產業

1972～1979

辭職返國，赴清華大學接掌材料科學系

「學成文武藝，貨與帝王家。」元朝雜劇《馬陵道》道出中國人自古向上的目標，無論學的是文才或武藝，都希望達到成就後，獲得適切的位置報效帝王與朝廷。民主時代沒有帝王與朝廷，卻有國家與政府，身為社會的一份子，誰不希望所學能被肯定，為孕育自己的土地盡一份心力？

國立清華大學籌設工學院階段，徐賢修校長在一九七二年聘毛高文為工業化學系系主任（後改名為化學工程學系），毛學長更在一九七三年成為工學院首任院長，並於一九八一年成為清華大學校長。

籌設期間，毛高文受徐校長之託，游說衣信回台灣一起打拚。衣信認為這是極難得的機會，材料科學是他所長，該領域未來發展可期，這是他的夢想，於是決定辭掉佛羅里達州立大學的教職，結束美國的生活回台灣清華大學任教。我覺

得這是可喜之事，況且我們的父母皆在台灣且年齡漸長，能離他們近一點盡孝道是好事，而我們的孩子還可以學會國語。因此，我支持他辭去美國教職，等學期結束就收拾行囊回台灣，而動身之前，他與毛學長之間頻繁聯繫，不斷討論材料系的未來。

一九七二年七月我們三十而立，帶著一雙稚嫩小兒回台灣，隨即搬進新竹清大教授宿舍。這個消息令我雙親及公婆欣喜萬分，他們嘴上不說，其實很想念我們。

同年八月在衣信主持下，清大材料科學工程學系大學部及碩士班同時創立，成為全台第一個材料科學工程系所，衣信是首位系主任。

當時冠釗不足周歲，還坐在學步車裡像隻小螃蟹滑呀滑，冠銘已經兩歲半，對新環境充滿好奇，兩個小傢伙很快就適應了，完全沒有水土不服的問題。後來他們在新竹上幼稚園，每天搭娃娃車去學校，開開心心的長大。幼稚園關注孩子的日常教育，玩樂是最重要的事，我們跟兩個孩子說國語，從不要求他們學寫字，當然更沒讓他們學英語。

我們入住的教授宿舍是日治時期留下來的建築，獨棟平房附帶一個小院子；日本人蓋的斜頂木屋高度很足，即使盛夏也不會太熱，把窗戶打開通風就很涼爽。這棟宿舍共有三房，對我們一家來說非常寬敞，屋內鋪設木質地板，整理起來不辛苦，孩子還能隨時窩在地上玩，我們住得很舒心，在此地愉快地展開新生活。

加入教授太太們的聚會，愛上新竹客家美食

當年的清華教授宿舍有十幾戶，搬進來的家庭幾乎都從美國歸來，大夥兒年齡相近，很快就變得熟稔。清華大學對教授很禮遇，一早有交通車接老師們到校

上課，小朋友被娃娃車接去附設的免費幼稚園，稍晚還有交通車載教授太太上市場買菜。大家都對新竹不熟悉，卻因為學校的體貼和善意加速了適應，生活過得頗愉快。

白天裡，先生與孩子分別去教書和上學，這群教授太太便以美食會友，每星期兩次輪流到各個家庭聚會，教做一道菜，頻率比在美國的美食俱樂部更密集。在聚會中邊吃邊聊，交流如何做這道菜，真是熱鬧又開心。

我在聚會裡嚐到超級好吃的新竹米粉，那滋味與口感令我畢生難忘。我常做的八寶臘味飯、炒米粉與三杯雞，這幾道菜最初正是在聚會裡學到的，經我反覆練習與改良，後來成為我的拿手好菜。我第一次吃到的八寶臘味飯，是用紅蔥、蝦皮、切片的冬菇、切小丁的臘腸、豬油，和泡過的糯米一起炒，然後慢火燜熟，那滋味真讓人垂涎三尺。

我喜歡逛新竹菜市場，尤其喜歡買早上現宰的新鮮黑毛豬，我覺得它的口感極佳，幾乎沒有腥味，是我嚐過最好吃的豬肉品種。豬肉買回家之後，我只加米酒和醬油蒸煮，煮熟再切成薄片，就能享受肉質的柔嫩、彈性與鮮甜，我們全家大小都愛吃。

我們住在一號宿舍，三號宿舍是某位系主任的家，他們夫婦的年齡比衣信和我略大，非常親切。宿舍主屋外頭設有竹棚儲藏室，家家戶戶都把米、油、鹽、糖等物資儲放在那裡。孩子倆漸漸長大，冠銘已經上幼稚園，兩歲的冠釗（大家都叫他豆豆）還沒上學卻非常頑皮，而且毫不怕生，他經常趁我不注意溜出門，獨自串門子。

有一天三號宿舍的女主人告訴我，她家竹棚儲藏室的米、鹽、洗衣粉，全被混在一起，她說：「我猜應該是頑皮鬼豆豆幹的！」我當下向她道歉並準備賠償，她卻揮揮手不放在心上，還把此事當成笑話告訴大家，直說：「這小傢伙太逗趣了！」

在新竹常有機會吃到客家菜，令我最難忘的一次是清大宿舍管理員的兒子結婚，請我們去喝喜酒，當天席開百桌，賓客多達千人。為了準備宴席，主人家特地殺了幾頭黑毛豬，食材物盡其用，自然推出多道豬肉料理。黑毛豬的美味令我折服，光是一道白切豬肉，廚師用最簡單的料理手法完美呈現肉質的鮮甜，搭配醬料還創造出多層次的滋味。還有鹽焗雞、梅干扣肉、釀豆腐等佳餚，整桌酒席用料實在，油重醬濃且香味四溢，讓我見識到何謂道地客家菜，當然，還伴隨著好客與人情味，這是新竹給我的客家好印象。

招待遠道而來的客座教授，嚐到最棒的揚州菜

身為國立清華大學材料科學工程學系暨碩士班的掌舵者，衣信參與課程的規劃與制定，負責出國選購儀器，並招攬國外學者來任教，設法建立材料科學基礎

以吸引優秀學子報考。

一九七三年，清華邀請美國加利福尼亞大學洛杉磯分校（簡稱UCLA）的史考特博士（Dr. Scott）來材料系客座半年。史考特教授是學術界敬重的國際學者，他願意來台灣客座，指導扶助成立不久的清大材料系，是極可貴的幫助。他為人認真而誠懇，有次告誡年輕的衣信與我：「如果朋友欺騙你或利用你，哪怕只有一次，他都不再是朋友，不值得信任。」這個忠告對我們的為人處世影響深遠，我們夫婦把信任看得很重要。

當初為了替史考特教授接風，我們在圓山大飯店江浙館設席款待他，由主廚林昌城做拿手的揚州菜，那晚宴是我在台灣吃過最好的一桌酒席。那天的菜色裡，豆腐鑲肉細嫩而滑潤，獅子頭鬆而不散，這兩道菜入口即化，好吃到大腦來不及讚嘆，味蕾已迫不及待要品嚐下一口，我們的外國客人忍不住豎起大拇指稱讚。

最令大家難忘的是海鮮鍋巴，上菜儀式儼然是一場精湛的演出。廚師把鍋巴鋪在一只瓷的大湯碗底部，上頭擺滿煮熟的魚蝦海鮮及各式菇蕈，服務生手提漂亮的不鏽鋼茶壺，壺中盛滿熱騰騰的香濃高湯，然後緩緩將高湯注入盤中，瞬間熱氣蒸騰還發出吱吱響，魚蝦與菇蕈氣味融合，色、香、味、聲俱全，這個戲劇化的過程讓宴席氣氛變得愉悅而放鬆，更加賓主盡歡。

史考特教授在清華大學客座期間，衣信常常邀請他來家裡吃飯，我會親自做菜招待他，他也認識了我家兩個兒子。他最喜歡我做的糖醋黃魚、炸乳鴿、宮保雞等，直說這是他吃過最美味的中國菜。他和衣信成為很好的朋友，一九七四和一九七五年兩個暑假，邀請衣信去ＵＣＬＡ他的材料系做為期兩個月的實習研究。我們受邀去史考特夫婦位在半山灣的家中吃飯，那房子坐落在山谷裡，從落地窗看過去，彷彿與世隔絕，尤其看著太陽落入谷底，那幅景象好壯觀，我從未見過如此美的房子。

至於圓山主廚林昌城，後來也與我們發展出友誼。林師傅十幾歲開始學廚藝就跟隨著專做揚州菜的師傅，出師之後曾於公賣局餐廳服務，後來進入圓山大飯店擔任主廚。林師傅有個難得的經驗，他曾參與李安導演的電影《飲食男女》，是男主角的替身廚師之一。

我對林師傅的精湛廚藝敬佩萬分，一九八七年蘭苑餐廳在費城開張後不久，我專程回台北拜訪他，提出想看看廚房的要求，他毫不藏私地帶我參觀，並在一旁為我解答疑惑。我在廚房裡觀察到，他的廚師們無論翻炒或拋鍋，動作都非常俐落，我想這是主廚長年要求與管理的成果，我一定要向他看齊。

林師傅與我同樣熱愛烹飪而成為志同道合的好友，他是真正喜歡做菜、可敬的前輩，只要我回台灣必去探望他。

每年四月費城市政府舉辦「The Book and the Cook」，是由費城餐廳與知名食譜作者合辦的酒席，可促進費城餐飲文化的提升。一九九二年衣信和我邀請林師傅到美國一趟，參加費城每年一度的「The Book and the Cook」，我們曾聯手辦過一百二十人的六道菜大餐，獲得很高的評價。當時林師傅就住在我家，他很早起床在院子裡坐著，我問他在想什麼，他回答：「我在想菜。」

我向林師傅學習到他的廚藝與態度，這個過程促使我思索，每位師傅有自己的廚房美學。我曾經勸林師傅把他的廚藝出版成書，進行分享與傳承，這也是我認真寫書的初衷。我喜歡做菜，我希望把這份喜歡傳遞下去，把我會的教給更多人。

中國各菜系在台北匯聚，台灣人真有口福

自從開了餐廳，我常想，這世界必有一個美好的造物者，創造出這麼多不同的花花草草、各種不同的食材。以我的故鄉台灣為例，四面臨海，一年四季氣候

溫暖，但只要往高山走，就能看到不同海拔的林相與生態。我總覺得這是一塊美好的土地，只要好好經營一定能過得富足。

台灣濕潤的氣候加上肥沃的土壤，無論在這塊土地上種植或畜養什麼，都能長得非常好。走一趟菜市場能看到各式各樣的蔬菜、水果、家禽、家畜及海鮮，我們有許多國家羨慕不已的農林漁牧，甚至有人認為，台灣之所以成為美食王國，很重要的先天因素是這裡有太多好食材。

我覺得好食材固然是原因，但不能忽略歷史與文化的影響力。

早年清朝移民來台灣開墾拓荒的漢人以福建人和廣東人居多，且主力集中在泉州人和漳州人，他們做菜的習慣跟在故土差不多，也就是閩南菜，不過就地取材時發現，台灣有取之不盡的新鮮食材，有些會和福建不太一樣。而在被日本殖民期間，飲食難免受日本料理影響，出現味噌湯、烤秋刀魚等菜色，當年的上等階層所謂的台灣菜是指當時的酒家菜、辦桌菜，加上台灣是海島，河鮮與海鮮做得尤其出色。

台灣光復後，一九四九年中華民國政府播遷來台，數百萬軍民從中國大陸來到台灣，這些被概括稱為「外省人」的軍民，其實來自中國各省份，換言之，戰後有大江南北、各族人士來台定居，也將中國各大菜系一一帶至台灣，無論魯菜、川菜、粵菜、蘇菜、閩菜、浙菜、湘菜、徽菜，或是少數民族的特色料理，多元飲食文化匯聚於此地，隨著時間推移，逐漸形成獨特的台灣料理，台北也成為首屈一指的中國菜之都，想吃什麼都能找得到。

不管原本的籍貫在哪裡，留學生在國外，想家的時候一碗滷肉飯或炸醬麵都可能讓他們流淚，甚至不惜開幾個鐘頭的車來喝一碗酸辣湯，大家把這些家鄉的食物一概稱之為「台灣味」。

衣信與回國的學者都從副教授做起，薪水大約一萬元新台幣，算是還不錯的收入；加上住宿免費、孩子教育免費，這份薪水純粹用於生活是寬裕的。

每到週末，我們最常相約聚餐的朋友，是毛高文和金梅琳夫婦。回台之前，毛高文學長在美國通用汽車公司擔任高級研究工程師，衣信則在佛羅里達州立大學工學院當副教授，大家都離開家鄉很久，誰不想念家鄉味？我們這兩對熱愛美食的夫婦幾乎把台北知名小吃、特色小館都嚐遍了，尤其是潮州、四川、上海及北方各地的風味菜，至於台灣小吃如燒鵝、烏魚子、海鮮、小炒等，無一不愛，欣葉餐廳的台菜是我們共同的口袋名單。

四人在尋訪美食的過程中，撫平我們多年來的思鄉之情。而我，用最簡單的口腹之慾，寬慰了歷來的辛苦，所有在異鄉吃的苦都被放下，此時此刻，我和衣信共同享受美食，在我們自己的土地上。當時絕大多數的小吃都物美價廉，完完全全滿足了我們幾個老饕的胃。

品嚐這些美食的過程，也讓我對中國菜系有了更深刻的認識，在學習如何品味的同時，也牢記它們的味道，就像在大腦裡建立一個資料庫，未來可以復刻這些菜，並做修改與調整，我不斷加入創意，甚至去強化某些菜，這些大膽的做法讓我在廚藝上獲得精進，也令我愈來愈享受做菜。

公婆決定移民美國，我成為外商秘書

一九七一年十月中華民國退出聯合國，失去聯合國的席位之後，世界彷彿翻轉了，我們在國際上被孤立，失去參與各種活動的機會，昔日的盟友轉而支持中華人民共和國，很多人看衰台灣，覺得兩岸之戰隨時會爆發。此時，距離播遷來台不過二十三年，早年戰爭的陰影其實多數人還記得，那種恐懼在心中回溫和發酵，一時之間人心惶惶。

我的公公婆婆對戰爭的恐懼感很深，他們的六個兒女當時除了衣信回到清華教書，其他五人都在美國讀書、就業和成家。一九七二年，大哥衣義想把兩老接到美國照顧，決定為父母申請到費城永久居留。兩老赴美辦理手續期間，請我暫時留守台北為他們看家，我當然義不容辭。

衣信在新竹教書，我帶著孩子回台北，住在信義路的公婆家。我父親即將從軍中退伍，母親很思念兩個外孫，所以白天我常帶冠銘和冠釗去天母找外公外婆。我只要回娘家，立刻化身享清福的大小姐，因為傭人會做飯，兩個孩子被外公外婆接手；兩老啥也不想讓我做，一心只想讓我輕鬆一點，甚至鼓勵我出門找朋友，盡量去逛街、玩樂、看電影。

考慮到夫妻分隔兩地，開銷會變大，我找到一個工作機會，替荷蘭商人雅各布先生（Mr. Jacob）當私人秘書。等到週末，衣信便從新竹北上，和我們在傅家或蘇家團聚。這樣的生活持續將近一年，等公婆辦好移民手續回台北出售房子時，我便辭掉秘書一職，帶著孩子重新搬回新竹。

老蔣總統播遷來台之後，以此地做為反共復國的自由基地，這個定位其實相當明確。經過一九五一到一九六五年的美援時期，台灣也走過土地改革，漸漸改變國家體質，在工業發展、推動九年義務教育、國際貿易與私人投資都有不錯的表現，若非出現退出聯合國這個變數，其實國力處於向上進步的狀態。然而台灣並沒有被打倒，察覺自己在國際地位與外交處境很難突破的情況下，更加努力發展民主社會和自由經濟，這是很值得稱許的成就。

台灣在一九七〇年代，相較於全球受到石油危機打擊，我們仍有飛躍式的進步。一九七三年出現第一次石油危機，國際石油價格暴漲，很多國家不得不檢討能源政策，或因通膨而貨幣震盪，經濟飽受衝擊。當時擔任行政院院長的蔣經國先生很快就宣布正式展開十大建設，我覺得他是很有遠見的政治家，在最糟糕的大時代裡，用十大建設積極改善了台灣的基礎建設，更擺脫全球金融風暴的低迷。

十大建設的期程是漫長的，即便後來衣信和我離開台灣，卻始終關注與之相關的新聞，因為我們知道，這是台灣向上的動力。多年來，每回聽到有人稱讚台灣是亞洲四小龍之首，我覺得與有榮焉，會很高興地告訴對方：「我來自台灣！」從退出聯合國時的孤立無援，到以經濟實力被國際看見，能見證台灣經濟起飛、人民生活安定富足，我內心著實感動。

升等扼腕萌生去意，決定從學界走向業界

有人用「湖南騾子」來形容湖南人的脾氣剛直、堅韌與倔強，衣信是湖南人，我覺得這形容對他而言挺貼切的。

衣信擇善固執的個性很適合從事教育工作。當公婆到美國與大哥衣義會合，衣信出差到日本採購儀器，而我帶著孩子替公婆看家，我們夫婦各忙各的，直到過年前夕才團聚。當時衣信剛回國，曾有日本某儀器公司的台灣代理人提了一盒

餅乾來拜年，我才把人迎進門，衣信立刻連人帶禮請出去，而且不假辭色。我問他：「大過年客人送禮，怎好意思當面退回？」他兇我：「妳不懂，那不是餅乾，裡面都是錢，我不能收！」這時我才明白，原來他得面對這方面的壓力，我得更小心應對才不會拖他後腿。後來開蘭苑餐廳成名後，他對酒商也是這種態度。

當年有張懋中、胡迪群和王知非等學生跟著他攻讀碩士學位，堪稱得天下英才而教之；後來三人先後到美國深造，於學術界和產業界表現卓然有成。

張懋中對高速半導體元件、高頻無線及混合信號電路研究尤其專長，畢生獲獎無數，為美國國家工程學院院士、美國國家發明家學院院士、我國中央研究院院士等。二〇一五至二〇一九年間，他回到台灣接任交通大學校長。

胡迪群從麻省理工學院學成後返國，在學界從事材料研發研究後創業，可說是國內光學產業的創始元老。

一九七六年升教授需要系內教授投票決定，結果三票對四票，衣信的升等案以一票之差未獲通過。他專程為清華大學材料科學系所的創立而回台灣，草創之初篳路藍縷，未能升為正教授，這件事對他打擊很大，衣信覺得自己被羞辱了，萌生不如歸去美國的念頭。

衣信不懂得主動同系裡教授從事社交，清華四年，他的好友是化工系教授。升等表決的粗糙流程令他不平，我不知該如何寬慰他，我只是不懂，投反對票的、投贊成票的，當時全是副教授，為何由副教授來決定系主任能不能升等為教授？我覺得這邏輯太荒謬。

衣信告訴我，他決定離開清大，但沒有具體說明他打算怎麼做。不過很快地，他接受美國鋼鐵公司的聘任，工作地點在印第安納州。於是一九七六年八月，我們一家四口離開台灣飛往美國，當時毛高文學長非常難過。

我常想，以衣信的個性和能力，真的很適合待在學術界，在大學和研究所教書或許薪資不是很高，卻令他非常快樂。學生們對他很尊敬，二〇〇九年衣信過世時，張懋中、胡迪群還特地寫信向我致哀慰問，令我很感動。

為了撰寫本書，我搜尋了衣信早年在清大指導的學生們，看到大家的現況，不禁感觸良多，一方面為他感到安慰與光榮，他在台灣材料科學起步之初扮演了重要角色，完成階段性任務，美好的仗已經打過，希望他了無遺憾。

毛高文學長和徐賢修校長都很愛才，衣信雖然回美國了，但他們的善意與挽留沒有中止，直到一九八〇年代還持續邀他回國。

來到基督城瓦爾帕萊索，孩子上學遇到困境

衣信報到的美國鋼鐵公司，以及攻讀碩連博的卡內基梅隆大學，都是由鋼鐵大亨安德魯．卡內基（Andrew Carnegie）所創辦。新工作的地點在印第安納州

的哈蒙德（Hammond），考慮到孩子就學的方便性，他決定把家安在鄰近的瓦爾帕萊索（Valparaiso），自己開車上班約需四十分鐘。

瓦爾帕萊索位在印第安納州的西北部，是一座基督城，多數居民信奉耶穌。城裡有一所成立於十八世紀中葉的瓦爾帕萊索私立大學，這是美國最早同時兼收男女學生的高等教育機構。整體而言，瓦爾帕萊索文教氣息濃厚，是個治安良好的大學城，居民的教育和經濟水平均在中上，且以白人居多，對外地移民很友善；或許受宗教薰陶，這裡民風淳厚且自律，犯罪率很低，人與人之間以誠信互動，是個美好質樸的城市，我覺得很適合在此養育孩子。

搬到新竹時，我深信玩樂是小孩的天職，只要開心的玩並養成良好生活習慣，健康無憂就行了，衣信也認同我的想法，我們是很放鬆的家長，從不逼他們學習。孰料四年後回到美國，兩個兒子面臨上小學與幼兒園的考驗，出現了語言與適應問題。

八月份，我們搬進一棟擁有兩間臥房的公寓。公寓附近有些孩子因冠銘與冠釗不會說英語而欺侮他們，加上來到完全生疏的環境，兩兄弟不太敢跟其他孩子一起玩。九月旋即開學，冠銘Gabriel上小學一年級，冠釗Jimmy則上幼稚園，兩人都不會說英語，難以融入團體，不僅無法和同學玩在一起，甚至經常受欺負，我得知後非常心疼，決定到校拜訪老師做進一步溝通。

冠銘的導師約五十多歲，她直白地告訴我：「Gabriel不懂禮貌，想上廁所居然不會舉手問"May I go to the bathroom?"只是一個勁的往前衝。」經我解釋她才明瞭，原來Gabriel根本聽不懂老師的問話與要求，他完全沒有英語基礎。

導師這才明瞭孩子的無奈與辛苦，我趁機向她表達想成為教室志工，希望有助於Gabriel加速融入團體，她欣然接納我的提議，並表示這對孩子的安全感會有幫助。美國的教室志工形同台灣的班親媽媽，在我的努力和互動下，漸漸扭轉了導師對冠銘的印象，孩子也慢慢融入了群體。

冠釗在幼稚園也遇到同樣難題，老師看不起他不會講英語。小小的他坐在教室裡不敢動，他那孤獨可憐的身影，令我心碎。我當機立斷替他轉學，經鄰居介紹，我們換到小胖墩幼兒園（Humpty Dumpty Nursery School）就讀。感謝上天！我送他上學的第一天就遇見一個叫做唐尼（Donny）的天使，唐尼像大哥哥一樣保護著他；女導師也向我承諾：「請放心，我會特別照顧Jimmy！」因為小孩之間的友誼，我們夫婦很快就和唐尼的雙親變成好朋友，唐尼的爸爸庫斯曼博士（Dr. Kursman）是一位很棒的獸醫師。

我很留意兩個孩子的狀態，和衣信在家力行說英語，大約經過半年左右，我發現兄弟倆竟然都用英語對話，而且語速流利，不再說國語。他們對新環境愈來愈適應，可見好老師和好朋友對孩子的影響有多大，我由衷感激這些幫過他們的貴人，但也遺憾他倆不再說國語。

孩子在適應上遇到困境，沒被老師好好對待，我的處理態度是溝通，不行就換環境，我不覺得有必要讓一個正在適應的孩子承受過大壓力與不公平對待。雖然他們一上學就因語言不通而被大人或小朋友欺負，但我沒有使用「歧視」來詮釋這些衝突，儘管這在美國很嚴重會立獲重視，但也會因此造成對立。我以積極正向的態度帶領孩子跨越困境，而不讓受氣、委屈或憤恨等負面情緒影響他們的成長。

再度加入迎新俱樂部，橋牌技藝成為亮點

來到瓦爾帕萊索不久，我和衣信加入了當地的迎新俱樂部，歷經幾次搬家後，我們對這個俱樂部的運作已經很有概念。

這座城市以中上階層家庭居多，知識程度不錯且生活有餘裕，此地的迎新俱樂部不只定期聚餐，還舉辦許多課程。當兒子們上學去，我白天多出空閒時間便

一口氣報名了橋牌班、夫妻橋牌會、國際俱樂部等社團課程。特別是國際俱樂部，有來自韓國、日本、菲律賓、泰國、印度等世界各國的移民，非常熱鬧。我們每個月輪流到俱樂部成員的家裡聚會一次，每家帶一道菜，減少主人的負擔，這是挺有意思的方式。

我們還加入夫妻美食俱樂部，這是安排在晚間的聚會，同樣每月一次輪流到各個家庭餐敘，透過餐桌上的交流，慢慢結識許多新朋友，例如住在我們公寓隔壁的鄰居泰亭哲（Taittinger）夫婦，真是好得沒話說的朋友，認識這對夫妻是我們在瓦爾帕萊索的最大收穫。泰亭哲也在美國鋼鐵公司任職，他家的兩個男孩正巧與冠銘和冠釗同齡。

瓦爾帕萊索是基督城，我們的鄰居幾乎都是基督徒。我信天主教但很少上教堂，而衣信沒有特定信仰。經由泰亭哲夫婦的邀請，我們開始每週日一起去教堂做禮拜，並參加一些教會活動，也因此結識了更多朋友。

剛進橋牌班時，無意間跟老師提起我在台灣已學會打橋牌，她非常不客氣地回我：「那就不必參加了！」為化解尷尬，我只好說：「規則或許不太一樣，我該好好學習一番。」幾堂課之後，我成為橋牌班打得最好的學員，老師對我的態度從此變得友善許多。對於別人的無禮，我會先隱忍退讓，從來不認為是種族歧視；我告訴自己，暫時受委屈沒關係，但我有信心慢慢證明自己的實力，我一定要贏回對方的尊重。

初到瓦爾帕萊索人生地不熟，加上兒子不會說英語，在學校受師生排擠，讓我有被欺負的感覺，但做為母親我不能把這樣的情緒傳遞給他們，我還是引導他們開心迎接學校生活。歷經半年左右，無論大人或小孩，我們都接觸到更多人，結交了一些美國朋友，其實絕大多數的居民都真誠友善，生活大致是樸實順利的。我想，這才是真正的美國社會，充分彰顯這個國家做為民族大熔爐，能接納多元文化，包容且欣賞彼此的異同。

不帶同事回家也不應酬，生活形態大不同

適應印第安納州的生活後，孩子們過得很開心，我也很喜歡這裡。但如果問我，衣信過得開心嗎？我大概會沉思良久，然後回答：「我真的不知道。」

我知道他最開心的時刻，是在清華大學當系主任，每天教書、做實驗，領一份比不上美國教授的薪水，卻在自己熟悉的土地上踏實生活著。衣信從不是情緒外放的人，但學術與教育是他心之所向，加上有好朋友、好鄰居、好學生，他過得充實而滿足。

儘管後來我們離開了清華，但我從不覺得那段時光是白費的，我甚至曾經設想，如果生活就那樣延續下去，未嘗不是一大幸福。

然而事與願違，我們終究還是回到美國，而且這次，他鐵了心進入產業界服務。我始終不瞭解他新工作的內容，只知道與金屬材料有關，對他算是學以致

用，待遇比教書優渥；我還知道他必須做實驗，因為有時會把衣服弄髒。來到瓦爾帕萊索之後，他很少談及工作，我察覺到不同於以往之處，比方說，他從未將同事帶回家介紹給我認識，以及，他總是準時下班，下班後極少有應酬，晚間就守著我和孩子過家居生活，這有別於他在佛羅里達和新竹任教的時候。

在佛州塔拉哈西教書時，我認識幾位他在佛羅里達州立大學的好同事；到新竹清華當系主任，常有化工系教授在週五、週六或週日晚間來我家打橋牌，或幾個系主任相約到我家喝酒，我簡單做幾個小菜，他們喝完酒還會唱起歌來，這是屬於一群工科男的歡樂時光。然而，美國鋼鐵公司的新同事我完全不認識，這令我有點擔心。

直覺告訴我，衣信有能力駕馭這份工作，但似乎沒有愛上它。他知道老婆和小孩都享受瓦爾帕萊索的生活，他也認為瓦爾帕萊索真是好地方，閒聊時我們都說：「這裡除了下雪時間長了點，不然真是無懈可擊，連居民都誠實友善，果然是基督眷顧的地方。」

揪團購地在林間自建房子，有了屬於自己的家

一九七七年泰亭哲決定自行買地蓋房子，並建議衣信跟進，因為這麼做能省下許多錢。自結婚後一直搬家，幾乎沒有儲蓄，如今能用很少資金蓋一棟屬於自己的房子，這令我們振奮。而泰亭哲果真沒吹牛，他在公司專長水電，對土木有概念，更擅長與建築師溝通，透過他的熱心幫助，我們成功蓋出一棟甜蜜的家。

我們先物色一處地勢夠高、適合興建房子的大致區域，找到一塊林子有二十英畝，地主以每畝一萬美元的價格賣出分給八個家庭。最後八個家庭決定圍起一塊十英畝的林子做為基地，大家約定每戶以一英畝（一千兩百多坪）土地為自家範圍，各自建造喜歡的房子與庭院。如此一來，八戶人家可以各有特色，但位在

在印第安納州瓦爾帕萊索買地蓋房子

同一塊基地，形同一個小社區能相互照應。

衣信和我以五十美元買到一張兩層樓房的建築圖，並經朋友介紹，找到一位在地方上執業名聲良好的建築師來監督施工。這位建築師是波蘭移民，做事踏實，我們取得銀行貸款後想跟他簽約，他說如果信任他就不需要簽約，而銀行也覺得簽不簽無所謂，這態度和台灣的習慣很不一樣。

在建築師的掌握下，不到一年，我們就以七萬五千美元蓋好一棟兩層樓房；公共區域集中於一樓，在二樓有三間臥房、兩間浴室，至於廁所樓上樓下都有。

站在這棟屋子前，我滿心感激：遇上這麼多誠實的好人，帶來溫暖與幫助，我們真是太幸運了！

為了省錢，我們自己動手參與一些建造工作。前門與屋後露天平台的地磚是衣信與我親自動手貼的；至於電路設計與照明，有泰亭哲指導配線。記得拉好電線那天，衣信非常興奮，專程開車帶我們去開燈，沒想到燈完全不亮；經泰亭哲指點，才成功點亮燈，那一刻，他是孩子和我的英雄。還有，房子裡裡外外的油漆，是衣信帶著我刷的，我們一步步建構愛的小窩，實現「第一個屬於自己的家」。

當我們為蓋房子忙碌的時候，冠銘和冠釗簡直玩瘋了，房屋後面是一片十畝地的低矮叢林，四周全是玉米田。幾個家庭的小孩一起在林子裡玩耍，安全無虞，因為大家會互相照看孩子，在這裡真像住在農村。

每天放學後，冠銘和冠釗吃過我做的點心，就跟著鄰居小朋友往後面林子跑，在大自然裡盡情玩樂，天天忙著找小蠑螈，抓會變色的小青蛙，享受快樂的童年。這是他們一生難忘的美好回憶，聊起這段往事，兩個兒子都說，住在瓦爾帕萊索是他們最開心的日子。

林子裡很安全，既沒有大型野獸，也沒有毒蛇，更不會有外人侵入，這正是當初為何八戶要多圈兩英畝地的規劃，家家戶戶都很放心讓孩子在外頭玩耍，我覺得這真是有智慧的設計。

瓦爾帕萊索一年有三、四個月很寒冷，最冷是在一月份，平均氣溫在零下七度，甚至曾經冷到零下三十度。如此寒冷的天氣被我評為「唯一缺點」，但衣信說，孩子可以堆雪人，何嘗不是另一種樂趣。

公婆首開咖啡屋，後轉型為湖南餐廳

一九七三年公婆搬到費城定居，透過大哥衣義居中協助，兩老在費城郊區買了一棟小房子，過起悠哉的退休生活。但終歸閒不住，於是租了一間小坪數的店面開咖啡屋，賣起三明治與咖啡，婆婆可以開開心心做西點，公公則可以和顧客聊天，藉此打發時間又不會坐吃山空，還能練習英語口說能力。

一九七四年暑假，已返回美國的史考特博士邀請衣信去UCLA做研究；而我有永久居留權但需待滿五年（當時不須連續）才能拿到公民身分，所以我們把孩子託給爸媽，一起前往美國。我們租了一間小公寓，我同時找到市區洛杉磯公共圖書館員一職。離職前，我飛往費城住了兩星期盡孝道。閒暇陪公婆聊天，說起塔拉哈西的好鄰居溫斯頓邱、露西何餐廳的創業及成功故事。

就在暑假結束，我與衣信返回台灣不久，公婆的咖啡屋附近開了一家麥當勞，使得原本不算好的生意變得更慘澹。我公公是個很認真的人，不成功就想辦法改善，絕不輕易放棄。他想起溫斯頓邱的成功經驗，決定把咖啡屋改裝成有三十個座位的中餐廳，店名就叫「湖南」（Hu-Nan），主打婆婆最擅長的家常湖南菜。

兩老做好分工，由公公負責招呼客人與結帳，婆婆負責在廚房掌勺，覺得這樣就忙得過來。事實上，人手是不夠的，孝順的大哥擔心他們太累，利用週末來幫忙採購較特殊的食材，並張羅其他雜務，這花去他相當多在費城德雷塞爾大學（Drexel University）當物理系教授的時間與心力。每晚餐廳即將結束營業，公公拿出算盤結算當天帳務，算盤珠子被撥得嗒嗒作響，一個個數字就被他寫在紙上，還在店裡的美國顧客看見都嘖嘖稱奇。

一九七五年衣信暑假再次到UCLA材料系做研究，我決定到費城幫忙公婆的餐廳兩個月。婆婆每天午餐後，步行到對面一家大型超市買些青菜，她對每一項食材精挑細選，無論買菜、燒菜都像在做菜給家人吃，只選最新鮮、最好的，絲毫不肯將就，這個態度我覺得是會成功的。

餐廳菜單上除了酸辣湯，還有當初我告訴他們「露西何」的招牌菜，包括蒙古牛肉、宮保雞、蝦仁鍋巴、木須肉等都大受客人歡迎，每一種都熱銷。

婆婆做的酸辣湯堪稱一絕，當時報導認為這是費城最好的酸辣湯。她用雞骨架熬製高湯，加入冬菇、木耳、肉絲、豆腐、金針，勾芡並倒入蛋花，用料豐富且酸中透辣，非常開胃解膩。

公公唯一會做的菜是鍋巴，卻做得出色極了，他把糯米蒸熟放平曬乾，然後切塊再曬，要賣之前炸好放進鍋裡，最後上桌淋上蝦仁海鮮，散發出來的香氣和醬汁的油亮視覺，讓人食指大動。兩位長輩當時已經都六十幾歲，還如此實事求是，令我非常佩服。

婆婆做的正宗湖南菜，初試啼聲便擄獲在地饕客的胃，快速建立起口碑。「湖南」打響名氣，每到晚餐時刻便座無虛席。眼看生意愈來愈好，公婆根本忙不過來，擁有普林斯頓博士學位的大哥衣義決定辭去德雷塞爾大學的教職，全心投入家族餐廳的經營。

一九七六年公公關掉原先開的湖南餐廳，在賓州阿德摩爾（Ardmore）買下一棟房子，請設計師精心裝修成擁有五十個座位的餐廳，依然取名為「湖南」。

新的餐廳由大哥與大嫂負責經營管理，這是費城第一家精緻講究又口味道地的湖南菜高級餐廳，開幕後天天客滿，顧客情願排隊等候用餐，即使隆冬下雪天也不例外，費城的報章雜誌都給予極高評價，公公每回看到報導都高興得打電話告訴我們。

衣信回台灣任教，公婆卻移民美國，兩條交錯開來的射線看起來不太可能交會，然而命運已經埋下伏筆。我常想：如果一九七四年暑假我沒去費城幫忙，如果我從未告訴他們溫斯頓邱的創業故事，公婆後來的發展會不會不同？而衣信與我，後來又會到哪裡呢？

一圓我的園藝夢，快樂享受小農生活

打從我們興建了自己的房屋，開餐廳的公婆便利用暑假淡季來我家度假一至二週。公公第一次來就愛上瓦爾帕萊索，覺得這裡的土地很便宜，請衣信幫他買地。公公很想念湖南老家，想要在美國擁有自己的農地，所以一口氣買了六十英畝，相當於二十四公頃多，換算成坪數有七萬三千四百多坪。他決定把土地出租給當地農民種植黃豆，一九七〇年代美國人大量種植黃豆，這時農業機械化已非常普及，每年大約在十月份收成，大量外銷中國，卻從未收成綠色的毛豆，因為他們不知道這可以吃。

第二年八月公婆再來的時候，出租的土地上種植著一片綠色黃豆，婆婆非常開心，帶著兩個孫兒摘了許多一串串的綠色豆莢回家。看婆婆滷毛豆莢，用鹽水加入八角和花椒調味，我這才知道，煮熟的毛豆莢挺容易剝開，裡頭的豆子鮮甜美味，這是我頭一次知道毛豆可以這樣吃。毛豆的營養價值極高，是良好的植物性蛋白質來源。真沒想到近幾年來，毛豆莢成了餐廳與住家很受孩子們歡迎的點心蔬菜。

往後每年八月，公婆都會來瓦爾帕萊索小住享受田園之樂，並摘採一些毛豆分贈給傅家兒女。

我家四周全是農地，附近還有一片玉米田，我們真的生活在田園之中。夏天裡，我常和鄰居好友一起採摘桃子、蘋果、草莓、四季豆等蔬果，秋天開始收成一些南瓜，存放起來準備過感恩節之用。

在瓦爾帕萊索，我有大把的時間屬於自己，生活單純且輕鬆自在，完全符合我對幸福的想像；我享受小農生活，一圓我的園藝夢，還把這份快樂帶進家庭，從菜園、果園到餐桌，孩子可以一起參與，衣信也很享受這份恬靜。

那真是一段寧靜幸福的歲月，令我回想起來忍不住嘴角掛著微笑，也不免遺憾好時光為何如此難留。

新竹的八寶臘味飯

衣信回台灣任教時，我們住進清華大學教授宿舍。當時，大家都是從美國留學歸來的老師，年齡接近，相處非常融洽。白天，把先生送上交通車、把孩子送上娃娃車後，我們一群教授太太除了買菜、整理家務，還會利用每週兩次的聚會，一起做菜、聊天，聯繫感情。

當時我才三十出頭，在聚會中第一次吃到八寶臘味飯就愛上了，我很喜歡臘腸香與米飯香經過溫度而融合的味道。向其他教授太太學會之後，我經常做給家人吃，然後漸漸調整配方和作法，變成拿手菜，吃過的家人與客人都讚不絕口。我很慶幸自己認識那群聰慧的教授太太，在新竹共度過美好的相處時光。

八寶臘味飯讓我念想在新竹度過的美好時光

材料

日本圓糯米2杯，泡水過夜

豬油3湯匙，可換成橄欖油或玉米油

紅蔥2個，去皮切丁

冬菇6朵，泡軟去莖切薄片，將泡發冬菇的水過濾備用

臘腸3節，切片

蝦米1/4杯，以熱水泡軟後切碎

鹽1茶匙

蔥花1/3杯

糖脆松子1/2杯（作法如附）

作法

1. 用中高火加熱一個大型不沾鍋，倒入油，加入紅蔥炒至蔥變軟，再放入香菇、臘腸與蝦米，拌炒5分鐘。
2. 加入生糯米，調至中低火，攪拌煮5分鐘，直到米粒與所有食材充分混勻。

3. 倒入過濾後的香菇泡發水1杯，改以小火煮，輕輕攪勻糯米後，蓋上鍋蓋繼續煮。
4. 每次加入一點香菇泡發水並攪拌，直到糯米變成半透明，不黏也不軟，這個過程約需15分鐘，不能讓糯米煮太軟，若香菇泡發水不足可加水。
5. 放入蔥花並熄火，撒上鹽調味，拌勻後，再放上糖脆松子。

糖脆松子

五歲左右，爸媽帶我去參加人生第一場酒席，我最難忘香脆的甜松子，那是我心中的「快樂滋味」。開餐廳後，我常把糖脆松子加在沙拉或主菜上，願客人透過我做的菜，也能品嚐到快樂滋味。

材料

松子2杯

水1杯

糖1杯

黃奶油1湯匙，融化備用

油，倒入油鍋至少要有5公分深

作法

1. 將松子以冷水洗淨，瀝乾。
2. 將糖與水放入小型鍋煮沸，加入松子，改以中火煮15分鐘，慢慢煮到松子變甜。
3. 熄火，讓松子在鍋中靜置20至30分鐘後，取出瀝除水分後晾乾。
4. 以中型鍋將油加熱至攝氏150度，將松子分兩批炸至微帶金黃，取出瀝乾。可置於廚房紙巾上，吸去多餘的油。
5. 家中若有氣炸鍋，將松子與1湯匙融化的奶油充分混合，放入氣炸鍋以攝氏120度15分鐘，氣炸至金黃酥脆即可。

第五篇

深入家族的餐飲事業

1979～1987

受命籌備新餐廳，捨不得離開瓦爾帕萊索

如果人生可以定格，瓦爾帕萊索是我很珍視的一個節點，它或許不是最輝煌，卻最為安穩，是我踏入生命另一階段之前的寧靜歲月。

從瓦爾帕萊索到芝加哥只需一小時車程，有時週末我們會帶兒子倆去芝加哥動物園或科學館參觀，然後去中國城吃飯，再採買些雜貨與菜蔬，這是我們的幸福日常。我們特別喜歡去芝加哥最熱鬧的密西根大道上的湖南菜餐廳，這家餐廳在當地頗負盛名，多道佳餚與婆婆燒的菜味道很接近，一九七八年曾特地帶公婆來品嚐過。

郊區湖南餐廳的一舉成名令公公非常振奮。阿德摩爾位在市郊，閒聊時衣信建議公公與大哥衣義，如果想拓店應考慮進駐費城鬧區。本以為這只是父子間的閒聊，沒想到公公回費城不久便以四十五萬美元的代價，買下位在費城市中心栗

樹街（Chestnut Street）一七二一號的兩層樓房，這原是阿爾法俱樂部（Alpha Club）的私人會所。大哥及公公決定請設計師重新裝修為中餐廳，一樓有八十個座位。這家餐廳依然叫做「湖南」，規模比郊區湖南餐廳更大，我們將它稱為市區湖南餐廳。

公公想把市區湖南餐廳擴大為家族事業。一九七九年四月他打電話給衣信，要他辭掉印第安納州的工作，即刻到費城幫忙裝修事宜。這消息令我非常不安，好不容易開始安定生活，如今不僅要搬家，還要跟家族一起工作，使我既難過又緊張。

我捨不得離開印第安納州。我們在瓦爾帕萊索蓋了房子，有甜蜜的家庭生活：每天早晨我目送衣信出門上班，再開車送兩個兒子上學，隨後有半天的逍遙時光，下午備好點心再接兒子放學，做好飯菜等衣信回來共享晚餐，晚上全家一起看書或玩遊戲，如此安穩美好的日子，我不想打破。

我寫信告訴娘家父母，他們兩老非常失望。父親表示不解，為何要捨棄一等公民的身分而去開餐廳？明明有能力從事所學的專業，為何選擇開店勞碌度日？母親只顧著心疼我，她直覺我會因此變得很累、很辛苦。但我的雙親也只是把想法讓我知道而已，並沒有去勸阻或責備衣信，他們知道勸也沒有用，何苦為難女婿？

我特地寫信告知毛高文學長，長久以來他是我們的好友。我心裡在期待轉機，會不會有人可以勸阻衣信。

衣信跟我說，他必須辭掉工作且盡快趕去費城幫忙，因為傅家需要他，還說這餐廳是爸媽畢生的積蓄，不能垮，否則會血本無歸。而且他寧可自己做生意，即使辛苦，也不願意一輩子為別人做事。

他五月便快速辭職，且聽說哈佛商學院碩士畢業的大弟衣定也會加入餐廳的經營。衣信對我說：「我先去費城，妳等孩子這學期告一段落，處理好房地產，我們在費城會合。」

他表達得非常清楚，我知道多說無益，只能任他先搬去費城。我必須用這段分開的時間調整自己，決定等兩個兒子六月份學期結束再開始賣房子，我還要想想如何幫孩子做心理建設，讓他們漸漸知道我們要搬家的事。

遷居費城加入餐廳團隊，自學撰寫外場指引

從一九七九到一九八二，這整整三年是我人生中最混亂、最痛苦的日子。

湖南餐廳的規模一間比一間大：一九七四年從咖啡屋變身而來的「湖南中餐廳」有三十個座位，後來關閉了；一九七五年開的「郊區湖南餐廳」有五十個座位，在費城郊區阿德摩爾，由公婆、大哥大嫂共同打點；一九七九年開在費城市中心的「市區湖南餐廳」有八十個座位，衣信受命參與籌備和監督裝修，並答應

舉家搬到費城。

八月中旬，我開車載著兩個兒子抵達費城，暫時住進公婆家；衣信看到兒子非常高興，也為妻子終究力挺他而鬆了一口氣。公公明確告訴我：「新餐廳開張後，需要妳幫忙管理前台和招呼客人，晚上妳可以回家照顧兩個孩子。」此時冠銘與冠釗只有九歲和七歲，他們乖巧懂事，但仍處在需要父母陪伴的年齡。

從小父親教導我：「先思考再做決定！」我覺得把事情釐清、將有用的訊息吸收，會有助於判斷。我想，既然要管前台就該學習，沒人教我就靠自己摸索，如果在摸索前能善用知識與工具，必能事半功倍。這是我攻讀圖書館學所體悟的道理，這個收穫讓我更加堅信天底下沒有白走的路。

既然公公開口要求，我不能辜負這份信賴。我在紅龍蝦餐廳打工過，見識到員工訓練的重要性，因此在安頓孩子之餘，我進圖書館借閱有關餐廳前台服務的書籍與報導，一邊回顧我在紅龍蝦餐廳打工的狀況，親自撰寫了《前台管理訓練手冊》，我想善用這份指引，一來讓工作流程有依據，二來招募新人也能根據這個標準加以訓練。

為了安頓兩個兒子，我特地去觀察費城市中心公立學校，學生一半是黑人及南美移民；考量孩子在印第安納州的求學環境那麼單純，我擔心他們會被欺負。投入餐廳經營的我們將沒有太多時間管教孩子，因此決定把他們送進位在費城市中心的私立貴格會菁英學校（Friend Select School，即基督教貴格會所辦的教育機構Quaker School，從小學一年級招收到十二年級）。冠銘與冠釗性格老實，在成長中忽然從台灣被帶到美國，又從瓦爾帕萊索轉學至費城，身為父母有義務保護好他們，選一間合適的學校很有必要。

兄弟倆在私立學校適應得不錯，很迅速便融入團體。讓孩子讀私校的決定在家族裡有不同聲音，衣信要我不必理會，因為孩子是我們的，我們做出正確決定就好。

從公婆家開車到市區湖南餐廳需要五十分鐘，我們用賣掉瓦爾帕萊索房子的錢，在費城市中心以十萬美元買了高樓層的三房公寓，走路去餐廳與學校，距離都不算遠。我們在九月初搬進新家，一家四口齊心迎接新生活。

市區湖南餐廳被記者唱衰，貸款增資再戰

市區湖南餐廳與郊區湖南餐廳的裝修由同一位設計師負責。從一開始，這家餐廳就被公公認定「必然會賺錢」，裝潢走的是高雅路線，主色系為中國藍。我沒參與當初的規劃與討論，但認為設計格調相當不錯。

依照公公的規劃，衣信與衣定主管市區湖南餐廳，婆婆掌管廚房，我管理外場，餐廳推出的必須是正宗湖南菜，並聘請三位中國廚師。市區湖南餐廳的規模比郊區湖南餐廳更大，婆婆一個人力有未逮，也不太管得動新聘的三位廚師。

我驚訝地發現，在美國的中國廚師有不少是半路出家，並未受過專業訓練。市區湖南餐廳的新廚師各憑天分做菜，為節省成本還採用罐頭蔬菜、冷凍海魚、罐頭醬料等。我不便參與廚房意見，生怕影響兄弟感情。

一九七九年九月七日市區湖南餐廳正式開幕，出乎公公意料，從一開張就不順利，未能重現郊區湖南餐廳的盛況。

開幕兩週後，《費城詢問報》（*The Philadelphia Inquirer*）美食記者伊萊恩・泰特（Elaine Tait）寫了一篇非常差的評論，聲稱這是「費城最漂亮的中餐廳，可惜不會做香酥鴨。」被媒體唱衰之後，生意門可羅雀，文章見刊的隔天，中午和晚間只來了十幾位客人。

公公決定增資，他向銀行再貸款十萬美元，當年利率高達十七%，負擔很沉重，弄得大家都很緊張，傳家三兄弟各拿出一萬美元，希望幫助餐廳度過難關。

衣信和衣定決定把中國廚師縮減為兩位，搭配一位打雜洗碗工，我白天負責帶位，晚上則回家照顧孩子，至於打烊後的廚房清洗和收工則交由他們兄弟分擔。大家因生意不好而心情沉重，加上都沒支薪，生活苦，心裡更苦。

又過了好一段時間，公公改變想法，要我從外場轉進廚房幫婆婆的忙，至於原有的外場任務交接給衣信，從此變成女主內、男主外，這是後話。

在兵荒馬亂中，「校長」的出現有如救世主

餐廳開張的第三週，某天，在經歷一片兵荒馬亂後，店裡走進一位特別的顧客。已退休的雅各布．羅森塔爾（Jacob Rosenthal）是猶太人，居住在距離市區湖南餐廳不遠處，好奇之餘走進來。當時沒有其他客人，他遞過來一張名片，我低頭一看，瞬間緊張了起來，原來這是美國廚藝學院（Culinary Institute of America）的創辦人兼校長（一九六五～一九七五）。

沒想到眼前平易近人的長者來頭這麼大，能接待餐飲界的權威人士，我覺得備感榮耀。招呼他點完菜之後，我特地去廚房做了他點的菜。

「校長」雅各布・羅森塔爾

這位大人物被眾人尊稱為「校長」，是品酒及美食專家，更是食品科學領域的權威。儘管他在一九七五年為健康因素而退休，但影響力始終不減，仍擔任多家美國大型食品公司的顧問。

此後，他每週來用餐一至二次，大都在午餐或稍晚的時間來，而我只要忙得過來，就會進廚房親自做菜並加一、兩道新菜請他品嚐，而且不過度去打擾他。

我挺喜歡這位老紳士，他待我很和善，但不太理會其他人，這讓我不由得感嘆人與人之間的磁場很微妙。校長告訴我，他很喜歡中國菜，他家住紐約中國城附近，從小只要有錢就買中國菜打打牙祭。

我沒有其他心思，只是很敬重這位前輩，真誠想讓老人家吃得開心。我親自做的菜是主動招待，當然不計費，但校長堅持付清他所點的菜。我們的互動極輕鬆，彼此沒有壓力，就像朋友來到你家，你會端出好茶和點心一樣自然。

大約一個多月後，校長告訴我和衣信，他願意無條件當我們的指導顧問，還說他知道我們付不起錢，因此不必將此事放在心上。我和衣信聽了簡直不敢相信，校長是餐飲界的重量級名人，竟然願意無償指導我們，這是何等的幸運！他不是說說而已，後來果真付諸行動，而且直到生命終點都關心著我們。

公公說，他沒想到校長對我們如此有好感，真是貴人相助，更是市區湖南餐廳的好機會。

無論如何，校長用心教導我與衣信，我們更因此結下不解之緣。他是引領我們真正走入餐飲事業的關鍵人物，就像我們的「美國爸爸」，竭誠無私地指導我們，真心替我們設想，甚至把最好的老師和朋友帶到我們面前。我常常想，如果我們這輩子沒遇到他，絕對不會有後來的成就。

校長宛如救世主，因為有他，逆位的命運之輪開始轉正，我們的前程開始漸露曙光。

打開我們的眼界，在餐飲領域找到自己的方向

「校長」雅各布．羅森塔爾對市區湖南餐廳、我、衣信，都很有想法。他明白指出，市區湖南餐廳的最大隱憂在於廚師各做各的，口味不一致。如果想提升餐廳品質，這是著手改進的方向，至於如何執行，他希望先將我的實力予以提升，後續由我自行推動改革。

至於我，校長希望我明白，廚藝既可做為愛好又可做為專業，值得鑽研一輩子。他決定推薦我去上課，接受一段時間的正規訓練，不僅能矯正既有的錯誤觀

念，還有助於釐清未來方向。

對不會做菜也不愛做菜的衣信，校長指點一條路，他決定教衣信品酒，以協助他設計酒吧酒單為目標，一步步建立概念。這個建議讓我們夫妻除了可在經營觀點累積共識，還多了一線牽引，因為美食與美酒更能相輔相成。校長帶領衣信開拓了新視野，讓他終於在餐飲領域裡找到自己的方向。

我們懷著興奮又忐忑的心情接受指導，從第二週起，校長開始教衣信品酒。校長希望我們跳脫現有框架，更不要淪為井底之蛙，特地帶我們走訪紐約幾家非常高級有名的中國餐廳，品嚐他們的美食，包括 Sun Lee Palace, Sichuan Pavilion, Uncle Tai, Hunan Yuan等。其中，我印象最深刻的是David K's，其老闆David Keh並非廚師，卻有識人之才，能延攬最好的廚師，又有先見之明，將歐式服務帶入中餐，是把中國餐廳經營得像法國高級餐廳的第一人，無論裝潢、服務、餐具都極為講究，有道海鮮魚翅鮮美至極，富含膠質的湯汁香濃且具光澤，以銀盅盛裝上菜相得益彰。

除了到生意鼎盛的中餐廳品嚐，校長亦帶我們去紐約幾家經營得極成功的美國餐廳觀摩，為我們指出中西餐廳的不同特色及作風。衣信和我感激校長願意指點我們兩個外行人，引領我們打開眼界投身餐飲的創意世界。在走訪這些餐廳的過程中，校長從不讓我們埋單，堅持由他付錢，他慷慨地說：「請不要推辭！我知道你們年輕人沒錢！」

等衣信稍具基礎後，校長立刻推薦他成為「葡萄酒與食品協會」（The International Wine and Food Society）的會員，並親自帶他出席協會的晚宴，手把手教他品嚐好酒。這個協會由安德烈．西蒙（André Simon）與阿賈．西蒙斯（A. J. A. Symons）於一九三三年創立，後來擴展為公司，據點遍布全球，協會希望促進人們對葡萄酒與食物的認識，透過晚宴、品酒與課程，來提升普羅大眾對美食的鑑賞力。

自從加入協會，衣信的研究之魂爆發，跑去書店蒐羅相關圖書回家研讀。他多次感慨：「能認識校長真是太幸運了，感謝他開啟我對酒的認識與興趣。」我觀察到，衣信對法國酒特別著迷，花很多心力去鑽研，很快就進步到可以設計酒單，再依分類增加酒的品項，他的學習力讓校長很滿意，直誇他天賦很高。

那些成箱收藏的大量酒書，是衣信的珍寶。校長耐心教他，學酒需要喚醒味覺、嗅覺和視覺，如何旋轉酒杯、用多快的速度去嗅聞都有訣竅。可惜我在這方面未曾涉獵，分享不了這些撇步。

2005年獲「葡萄酒與食品協會」優等獎

校長獨居的公寓室溫始終維持在華氏五十五度，相當於攝氏十五度半，如此低溫是為了保存酒。去他家拜訪時，我驚覺他收藏了許多名貴的酒，且數量多到無處安置，連盥洗室都設了酒架，真是不可思議。

因為對酒都滿懷濃厚興趣，校長與衣信成了忘年之交，他們的友誼連我都羨慕。

校長之於我們亦師亦友，有時我們會陪他去華盛頓特區探望他的兒子道格拉斯．羅森塔爾（Douglas Rosenthal）和孫子們。他會帶上親手做的珍饈，如鵝肝、松露、燻魚和烹飪學校製作的點心送給他們。他告訴過我，他希望讓孫子孫女從小懂得世界上最好的食物，教會他們品嚐。

有時，他會請衣信和我去他的公寓試酒、吃飯。有一次他做了鵝肝和新鮮的黑松露，味道極為特別，是我無法形容的美味。那是我第一次吃到松露鵝肝，忍不住請他分享食譜，他大笑吐槽：「妳又不可能做，材料太貴！」

松露、鵝肝和魚子醬並稱世界三大珍饈，是全球饕客爭相競逐的高檔食材，有錢未必買得到，但他當場率性直言令我一時有點尷尬。然而經過一段時間的相處，我理解校長的個性後，忍不住欣賞他的率直，他真誠不喜虛假，是就說是，不是就說不是，對不喜歡的人事物就不予理會，非常有個性。這樣一位前輩願意真心待我，我除了感恩，還是感恩。

報章雜誌報導：這家湖南餐廳有一群碩博士

媒體的力量不容小覷，有時成敗就在記者筆下，其評論可能讓人受寵若驚，也可能讓人萬劫不復。

市區湖南餐廳在被美食記者唱衰後，經營慘澹卻仍堅持著，在公公的帶領下，傳家人以意志力支撐這家店，儘管時有意見分歧，但都是為了餐廳好，希望扭轉頹勢讓業績翻紅。

市區湖南餐廳再度上了美國報紙，最初報導的焦點放在餐廳老闆栽培出六個兒女，在台灣都是學霸，全數到美國留學拿到碩博士，連女婿和媳婦也全是碩博士。這群高學歷的台灣人來到美國奮鬥，竟然肯為父親的心願而聚在一起開餐廳。這位記者用生花妙筆寫出這個故事，吸引不少讀者的目光，也引起很多人討論東西方的家庭觀，甚至有人慕名而來想嚐嚐湖南菜，因為他們所認識的中國菜大都從廣東餐館吃到。

所謂新聞，除了當下發生的新鮮事，奇人軼聞也是一環，如果一切正常如昔，可能就沒有報導的價值了。傅家手足真的很孝順，個個願意服膺於父親，成就家族的共同事業。這的確是罕見情況，才有成為新聞的價值，因為在一九八〇年代，碩博士是很高的學歷，通常能在各自專業裡找到很不錯的工作，或根本在學術界耕耘，而不是聚在一起開餐館。當然也有媒體從不同角度探討學霸不當教授、不做研究，這樣是否有浪費教育資源之嫌。

讀者無不好奇，這一大家子的碩博士究竟都學些什麼？其實領域挺廣泛的，包括圖書館學、物理學、材料科學、商業管理、能源科學、文學、教育等等。

無論如何，能見報有曝光度是好事。常有顧客坐下來點菜，便好奇詢問：「報紙寫的是不是真的」、「你們家族到底有幾個碩士、幾個博士？」、「你個人是學什麼的？」顧客將無傷大雅的八卦做為茶餘飯後的談資，我們放寬心胸應對，總之，提升顧客的滿意度比什麼都有意義。

進美國廚藝學院，立志以法式料理為本做中國菜

聊天時我曾對校長說過，我覺得中國菜博大精深，應有資格與法國菜並駕齊驅，他認為中國菜和法國菜都是世界菜系主流。當我告訴他，我對法國菜很有興趣，他思考後打電話給老友赫米・克蘭斯多夫（Hermie Kranzdorf），請對方來指點我。

赫米．克蘭斯多夫是一位女廚師，她教會我如何用鴨骨和雞骨熬高湯，我們的互動很愉快。當她要教我做法國醬汁時，家人都跑進廚房想學，她直接拒絕了。後來承蒙她幫助，成為我出兩本食譜的大功臣，我和赫米．克蘭斯多夫變成摯友直到現在。

儘管校長覺得我的菜做得不錯，但我終究不是科班出身，他希望我去上廚藝學校，接受為期八週的廚師訓練課程，從頭完整地受訓一次，希望藉此打開我的格局。

一九八一年一月，校長推薦我去美國廚藝學院上課，這是極為難得的機會。課程將近兩個月，通勤不切實際，因此校長為我找好住宿的地方，住進學校公共關係系主任的家。每週五放學我會返家探望兒子，週日下午再從住家返回學校，因為擔心我的開車技術，校長必定陪我開四個多小時的車到海德公園校區，還把學校給他的VIP專用停車位借給我。週間當我上課時，他留在學校進行視察，由於當時學校暫由副校長代理，而他一方面幫助物色新校長，一方面用心觀察還有哪些有待改善之處，偶爾也會繞到教室關注我的學習情形。

我接受緊湊的課程安排：早晨六點多吃過早飯，隨即開始上課，學習到中午才結束；下午兩點去校長介紹的法國餐廳或義大利餐廳接受前場訓練，從餐桌設計到上菜給客人的禮節都得學；晚上則進圖書館溫書和查閱資料，複習白天所學。如此密集且充實的研習讓我飛速成長，我能感覺自己每天都在進步。

記得剛進學校時，我自覺像劉姥姥進了大觀園，又像夢遊仙境的愛麗絲，從學校教材、廚房設備，無一不覺得新奇。我知道自己要學的太多，但因為體力透支，上完四週的課程我就病倒了，被迫休息了一週，才重新回到學校上完八週的職業廚師訓練課程。

我所加入的課程每班八至十人，每位學生都有廚房經驗。我由校長推薦加入，是唯一的女學生又是東方人，有些同學看我的眼神不是很友善，甚至帶著輕蔑，但我毫不在意，我只在乎能否學到真本事。

這八週對我的廚藝生涯至關重要，我從此確立「要以法式料理為本做中國菜」，換言之，用法式醬汁的作法，以中國香料來調製，這將是我烹飪的特色。

正統廚藝教育為我修正了一些技巧，扭轉了想當然耳的觀念，更提振我的能力與信心，大大改變我對做菜與經營餐廳的看法。

來自新竹科學園區的邀請，我們夫妻心動了

如果問我，市區湖南餐廳開設之後，衣信開心了嗎？我會很遺憾地告訴你：「可能有，更可能沒有。」

他經常一個人蹲在院子裡，卻不像我那樣喜歡園藝，藉著拔草可以療癒自己，我覺得他只是遁入一個安靜的空間，靜靜忍耐，讓自己熬過去。

徐賢修是清華大學校長兼任國科會主委，毛高文是清華工學院院長，他倆對衣信都有知遇之恩，且對衣信升等受挫感到遺憾，毛學長更一再鼓勵：「衣信，你適合待在學術界，快回來！」

我曾與毛學長通信，在得知公公要衣信到費城參與湖南餐廳時，這位熱心的學長不斷聯繫衣信，勸他三思。毛學長回信給我，勸我們回台灣發展，他說他看好國家的前景，也看重衣信的能力。

徐賢修後來轉任工業技術研究院董事長，並提議當時的行政院院長蔣經國創設新竹科學工業園區；愛才的他多次邀衣信回台，希望他參與國家科學建設。而毛高文即將接掌清華大學校長，他始終覺得，衣信最好的依歸是為人師表和鑽研學術。

由於餐廳生意遲遲沒起色，加上兄弟們對經營各持己見，衣信難過又灰心。

一九八一年三月，在毛、徐兩位的勸說下，衣信回了一趟台灣，專程去參觀新竹科學工業園區，這次的參觀令他心動了。

我在美國廚藝學院的課程接近尾聲時，接到衣信的越洋電話，他告訴我，他想接下徐校長的橄欖枝，到新竹科學園區接副局長。我立刻回應他：「這是難能可貴的機會，我支持你！」衣信在電話裡的聲音充滿愉悅，我內心燃起希望，祈禱他能轉回原有的軌道上。

我暗自盤算回台灣以後，等孩子們都上學，我可以去找工作。比起去圖書館上班，我更有意願去大飯店謀職，那更符合我的興趣。

然而沒多久，原本說好的事被推翻，打好的如意算盤再也沒有成真的時刻。

親筆信函挽留，指定我們獨力經營市區湖南餐廳

事後我常想，如果衣信實力不好，大概不會有這些令人心動的機會；然而他

與學術教育界之間，終究少了那麼一絲絲緣分。

在衣信即將點頭回新竹任職之前，向父親報告科學園區的邀請，豈料老人家反對他回台灣，親筆寫了一封信昭告全家，公布決定將市區湖南餐廳交給我們夫妻獨力經營，其他手足退出經營團隊。

原本我以為可以離開費城回台灣，這個希望在短短幾天內破滅，也讓我娘家父母空歡喜一場。

消息傳到校長的耳中，他沉默許久才說：「Susanna，對E-Hsin來說，這是人生很難的決定。」雖然他看好我們倆，願意傾囊相授，但覺得家族事業意見紛雜，經營不易。有教養的外國人非常尊重私領域，哪怕是長輩或好友也不便多說。校長是見多識廣的長輩，他知道衣信放棄的機會有多難得，也曉得錯過這次，我們再也無法回頭了。

公公果敢決斷，當他察覺衣信有意願回新竹任職，認為不能讓他離開。從客觀情況分析，他知道婆婆無力掌管廚房，大哥有郊區湖南餐廳要經營，大弟懂商但不懂做菜，而我與衣信受到校長青睞甚至願意給予指導。在明白多頭馬車不好駛，又想挽留二兒子，我猜這些考量都是促成他做此決定的主因。

事態演變和衣信跟我說的完全不一樣，我頓時不知所措。對於這個變卦，衣信向我解釋，如果我們回台灣，餐廳一定會關門，他擔心雙親的積蓄化為烏有，縱使為難，他仍決定留下承擔這苦果，希望我能理解。

多年後回想這段過程，我不免感嘆造化弄人，當年幾樁事件若重新洗牌、調動順序，或許我們就能回台灣發展了。但終究事與願違，我改變不了事實，只能放下願望。

既然接受獨力經營，市區湖南餐廳當初的貸款也就承接了過來。大哥把郊區湖南餐廳經營得非常出色，大弟開電腦專賣店又踏入證券業，小弟堅守學術路線成為能源科學家，大姐和小妹的事業與家庭都很成功，我們也在經營市區湖南餐廳的過程找到自己的興趣，並將冠銘與冠釗培養成材。傳家手足始終親密，大家在美國經常相聚，也會一起慶生。

接手後大刀闊斧，建立廚房ＳＯＰ

既然決定承接餐廳，衣信和我立刻重整心情和做法。這年他四十，我三十九，年齡半大不小，卻要從頭摸索。

我們大致做了分工，他前我後，他在酒吧，順便看外場；我在廚房，負責菜餚品質；我們僱用四名外場人員和一名帶位員，廚房聘請兩名廚師和一名洗碗工。那本《前台管理訓練手冊》是我們的依據，從外場管理，包括如何帶位到酒吧調酒，衣信都親力親為。所幸之前經校長訓練，已經擬訂了酒單，他繼續接受校長指點學習品酒，不斷厚植這方面的實力。

我們開始慢慢地改變廚房。第一步，我要先瞭解美國一般中國餐館最受歡迎的菜。

我決定到圖書館借閱《美食雜誌》（*Gourmet Magazine*），閱讀所有有關中國餐廳的報導，蒐集各家招牌菜、瞭解消費者的喜好，並盡力蒐羅以英文出版的中國菜食譜，校長也將他畢生收藏的英文中菜食譜全送給我。我認真研讀海量的食譜與情報，慢慢規劃更改餐廳每道菜的作法；我的收藏多達五箱，這些都是我的寶貝。

剛接管時，我發現廚房裡有兩個大鍋用來煮高湯，一鍋是黑色湯汁，另一鍋是白色湯汁，兩者都使用味精，全然不是我從小吃到大的高湯，我知道是該大整頓了。

校長常說「廚房一定要有紀律！」我決定重新規範廚房SOP，嚴格要求廚師依照標準程序作業，目標是維持菜品的質量穩定，此乃締造好口碑的首要條件，且建立於「食材新鮮嚴選」與「口味良好穩定」之上。

廚房從準備工作開始，我要求專人專責。我把「人和事」固定下來，一有狀況就知道誰該負責，如此方能快速有效地管理。

廚師非常重要，如果抱著既定印象，一旦僵化就很難有所突破。中國廚師老覺得我做的不對，他們大部分在中國餐館邊做邊學，歷來所見所聞成就他們的現在，也阻擋了他們自我超越，只因不肯改變。

我決定親自訓練廚師。由於有標準作業程序，我開始錄用來自越南、柬埔寨或墨西哥剛學做菜的新廚師，有些甚至一開始連英語都說不好，但只要肯學、有熱忱，我就有辦法教會他們。

一有空我就巡視外場，新人的訓練也由我執行。我要求外場人員務必客氣有禮，還要學習處理客訴，當顧客抱怨時該如何處置與反應。

此時酒吧的酒單還不多，不像後來蘭苑餐廳那般蓬勃發展。為了多賺點錢，我們偶爾也接外燴，為派對辦宴席。

口碑來自好味道的記憶，關鍵在於醬汁與高湯

很多美國人覺得中國菜重油、重鹽、重糖，彷彿不這樣做就不好吃，對此我不以為然，更想扭轉這個印象。進入廚房掌勺後，我制定了「三不」——不用味精、不用冷凍食品（蝦子除外）、不用罐頭。這「三不」源於我自幼的飲食習慣，既然知道新鮮食材的好，就要用它來做菜；捨棄味精是深信只要食材本身夠新鮮，將原味呈現出來就是最好的滋味。婆婆最初反對不用味精，認為菜會沒有味道，公公說既然交給我，就由我決定不必插手。

口碑來自好味道的記憶，想做到這一點，關鍵在於醬汁與高湯，我想提升品質，首先從這兩者做改革。

醬汁決定味道，而好的醬汁又建立在好的高湯上，因此，我將所有高湯與醬汁的作法寫成食譜，要求廚師製作時須按照我的工序來進行，方能維持品質穩定。

我花許多時間做醬汁，每種做三至五加侖，存放在冰庫裡。我把每種醬汁的作法寫成SOP，並明訂清楚每道菜的食材分量、醬汁多寡，上菜之前才淋醬汁，如此就能確保出菜的味道維持一致。

宮保汁是我最得意的醬汁，用花椒、八角、丁香、洋蔥、大紅椒、乾辣椒和雞骨高湯熬煮兩小時，並在一開始就加入芡粉（玉米粉），慢慢熬製而成，然後過濾掉香料渣和雞骨。我做的宮保汁乾淨爽口，絕不讓客人吃到任何調料的渣滓。送上餐桌的菜餚絕對沒有不能吃的東西，這成為Susanna Foo的風格之一。因為有好醬汁，宮保雞丁、宮保蝦成為我們最受歡迎的菜色。

糖醋汁也很討喜，我用法國傳統鴨汁的作法，先把糖翻炒至焦糖化，然後加上中國五香，即八角、花椒、肉桂、丁香和茴香籽，再放入烤過的豬骨燉煮，加少許番茄醬、少許醬油，續煮四小時。我的祕訣是在一開始就勾芡，創造出很自然的風味；有了這麼棒的糖醋汁，光是一道甜酸肉便替餐廳圈粉無數。

高湯的重要性不言可喻。在我的廚房裡，所有食材都會被充分利用，我不允許浪費，且因為不放味精，高湯的鮮度顯得格外重要。我採用法式的作法來熬高湯，當年四十磅雞骨只需十美元，我習慣採購整箱雞骨架，先由廚師去皮、去肥油，用薑、蒜、八角、花椒炒香雞骨，加水熬煮兩小時，過濾後降溫放進冰箱，這就是廚房最基本的高湯；若熬製豬骨湯或牛骨湯，就需要延長為四小時；至於海鮮湯，我會先把蝦頭、蝦殼炒過，加入雞高湯、薑、蒜、芡粉等慢慢熬煮。

高湯好不好，簡單一碗酸辣湯或海鮮餛飩就能輕易品嚐出來。高湯既不華麗也不顯眼，卻是一家餐廳的內涵，我覺得無論市區湖南餐廳或後來的蘭苑餐廳，我都堅守住這份內涵了。

打開竅門更改菜單，賦予新作法並寫下食譜

美國廚藝學院的課程與實習讓我對歐洲菜有所瞭解。法國菜與義大利菜是歐洲菜的兩大主流，我都很喜歡。

法國菜特色是精緻華麗，選用高級食材，甚至以葡萄酒入菜，因使用牛油以致奶油味重；對烹調技巧與上菜順序極為講究，連擺盤與餐具搭配都很重視，用餐禮儀更是優雅。如果問我什麼是法國菜的靈魂，我認為是醬汁！醬汁的調製需使用很多食材，且製作耗時，以致法國菜的成本偏高，售價自然昂貴。

相對來說，義大利菜牛油用得少，大都使用橄欖油，搭配新鮮食材，味道清淡且忠實呈現原味，很像我從小在蘇家吃到的食物。義大利菜最注重食材的新鮮度，連麵食都現擀現煮，必須耐心等候。

至於其他歐洲菜，德國菜的肉食很多，以豬腳和香腸最知名，我個人覺得好

吃但不夠細緻；西班牙菜如同義大利菜使用大量橄欖油，但海鮮用得特別多；至於英國菜，我個人覺得不太講究，不懂得如何欣賞它。

將菜餚各式作法融會貫通後，我開始著手調整，例如原本的辣椒鑲肉，是在新鮮辣椒裡塞絞肉，然後煎熟。我改以果肉較厚的墨西哥辣椒來鑲肉，煎過再烤，風味變得更濃郁，顧客品嚐後非常喜歡。

我彷彿打開竅門，連傳統老菜也敢賦予新作法。例如松鼠黃魚這道菜，我在新竹經常做，到美國之後便把黃魚改為鱸魚。除了更換食材，還標準化甜酸汁，事先製作醬汁也把口味略做調整，不再那麼甜。美國客人不會剔魚刺，廚師必須整條魚先去魚骨和魚刺。炸魚之前，我先沾蛋黃再裹太白粉，然後入油鍋炸；等魚炸好，要上桌才淋醬汁，這樣魚肉便能維持脆度，好看也好吃。

我認真研究蒐集來的食譜，等到嫻熟便拋開，依自己的想法更改餐廳菜單。這是個漫長的過程，一旦啟動就不會中斷，因為隨著研究我會迸發新靈感，讓菜色和作法不斷精進。

改變的幅度有大有小，我決定先由一般中國餐館受歡迎的菜改起，例如我把餛飩的清湯改為高湯，不多久，點的人愈來愈多；又好比炸春捲，我將昔日使用的批發市場食材全部換掉，全數改用新鮮食材，味道變得更清甜，口感也更豐富，包括炸春捲、豬肉煎餃，這些菜很快就變成熱門菜色。

接下來，我開始修改做菜的方法，其實萬變不離其宗，新鮮食材就是我的王道，而每道菜的作法與食材處理步驟，都寫成食譜，新廚師只要按部就班，就能確保端出來的同一道菜，每一盤都味道一致，如此才能讓喜愛這道菜的客人願意再度蒞臨。

考慮到美國人不習慣主菜有骨頭或魚刺，作法自然需要做調整。例如香酥鴨，我用傳統方式先滷過，放涼後剔除骨頭，再抹上沾濕的馬蹄粉（荸薺澱粉）入油鍋炸，就能皮脆肉嫩。做魚的時候，即使用全魚也會去骨，如此才符合美國人的進食習慣。只有羊排保留排骨，塗抹新鮮的香草香料再送進烤爐。

為了提振市區湖南餐廳的業績，我們在中國特殊節日如春節、端午節、中秋節時推出特惠套餐，四、五道菜的組合餐只賣十幾塊錢，非常吸引顧客。美國人生性好奇、願意嘗試，他們不僅想品嚐主廚推薦的食物，也會詢問這究竟是個怎樣的節日，結果成功吸引顧客上門。有時我會把握這個時機推出新菜，讓客人嚐鮮，也測試一下接受度。

加入法國國際美食協會，嘗試主辦酒席

即使四十多年過去，提起「校長」雅各布．羅森塔爾，我還是經常感動到流淚。我不知道他為何會對我與衣信那麼好，就像對待自己的孩子一樣。校長一人獨居，他深愛的太太早已去世，當初之所以退休是因為他罹癌已進入晚期，他把

最後幾年的時光用來培植衣信與我。

校長是費城法國國際美食協會（The Chaîne des Rôtisseurs）的創辦人，他帶我們加入這個社團，並把我們引薦給羅素．鮑姆（Russell Baum）社長，幫助我們認識許多餐飲界名人。

做為世界上最古老的美食社團，法國國際美食協會於一二四八年在巴黎成立，其間一度中斷，直到一九五〇年復會迅即擴展至全球，光在美國就有超過一百三十個分會，是個影響力甚鉅的社團。

該分會每個月選在費城最好的餐廳裡，舉辦一場六至八道菜的正式酒席，承辦的餐館無不傾力而為。開席之前供應香檳酒和開味小點心，是相互聊天與結識的好機會，等客人都入座就陸續上菜；每一道菜均有精緻的擺盤，並搭配合適的美酒佐餐，上菜步驟嚴謹且用餐氣氛高雅。

校長帶我們一起參加過幾次酒席，當時每人要支付八、九十美元的餐費，是筆不小的開銷，衣信認為這是開眼界的難得機會，值得投資，我每次出席都專注地觀察與學習，有不懂就請教校長。經校長指點後，我大致理解了宴席的設計精髓，不久，鮑姆社長決定邀請我們做一場正式的酒席，就在市區湖南餐廳舉辦。欣然受命的同時，想到這是何等重要的聚會，我更加戰戰兢兢。光是試菜就整整準備了一個月，覺得有把握再邀請社長和校長同來試菜，請他們提供改進的意見。

考量市區湖南餐廳的座位，我們主辦的第一場酒席共邀請六十位賓客，而我所設計的菜單上，有龍蝦餃、紫茄泥、香酥鴨、糖醋石斑魚、烤羊排等，這個規模創下我當年的最大紀錄，忙完這一場酒席後，我足足休息了一個多星期。

彼時市區湖南餐廳的廚房，連我在內共五名人手、三個炒鍋、一個洗碗工，我們一起做八道菜，每道菜做六十人份，包括湯、沙拉和主菜，衣信還為每道菜配上不同的酒。這是極好的訓練，擴大了我們的格局與速度，奠定後來蘭苑開張

香煎鵝肝餛飩是蘭苑的招牌菜之一，很受客人歡迎

的基礎。

此後，我每年為費城分會舉辦一次酒席。本著一期一會的心態，每次都認真準備，並堅持只用最好最鮮的食材。辦酒席固然辛苦，卻被我視為發揮創意的好機會，我想透過這個場合刷新大家對中國菜的印象，提升中國菜的地位。這些酒席的菜色，是我多年來在料理創作的心血累積，我將每道菜都整理寫成食譜，這個習慣與日後出食譜書大有關聯。

趁著為法國國際美食協會主辦酒席的機會，我不斷研究新菜色，包括不是湖南菜的菜餚，例如江浙菜叫化雞，用荷葉將整隻雞包裹起來，於荷葉外層塗滿泥土再放進烤箱，上菜過程尤為戲劇化，當著賓客面前把土敲開，隨著荷葉打開的同時，肉香撲鼻，賓客無不讚嘆。又好比廣東菜冬瓜盅，衣信發揮他的藝術天分，將冬瓜外皮先雕花，讓這道菜不僅好吃，還好看得不得了，賓客都說這是中國藝術。

這些創意料理頗為費工，多數菜色只有在辦特殊酒席時才做，平日裡在市區湖南餐廳是吃不到的。唯一例外是煙燻脆皮乳鴿，這道菜登上餐廳菜單，成為最受歡迎的主菜之一。

童言童語「臭魚車」，勾起對孩子的歉疚

有句俏皮話：「當老闆不必加班，因為根本沒下班。」獨力經營市區湖南餐廳，意味著衣信和我也被劃入這樣的作息。

每天早上六點起床，七點不到得出門採購。剛接手餐廳時生意很差，為節省成本，我們每隔兩、三天就開著旅行車去費城批發市場採購季節性蔬菜、肉類、海鮮及乾貨，或到紐約中國城採買中國雜貨及新鮮青菜，包括馬蹄（荸薺）、蓮藕等少見蔬菜也能買到。這樣做的好處除了省錢，在採買當中，我能瞭解當季與

美國在地蔬菜，這些知識對於主菜的搭配設計很重要。

買好菜我必須趕回餐廳做午餐，並在傍晚時分供應晚餐。在午餐與晚餐之間，任何顧客走進來我們都服務，換言之，餐廳沒有午休。營業時間到晚上九點，等收拾好廚房、結好帳，關燈打烊已十一點鐘；我們從餐廳所在的十七街，步行回到十五街的公寓，每晚洗好澡躺平睡覺已是深夜，幾乎每天工作超過十四小時。

這樣的作息循環哪談得上照顧孩子？當初將他們送入私立學校是正確決定，校方為我們承擔起絕大部分的教育責任。為了多點時間和兒子相處，不必上課的日子裡，在工作的時候會帶著他們。有一次，哥哥學校有事只有弟弟跟著我們，不知為何，當天採購的東西特別多，以致載貨超重得分成兩趟，衣信將我們母子和一半的貨物放在路中央的安全島上，他載著一半的貨物先回餐廳卸下，然後再折返接我們。回憶起這一段，冠釗說他覺得好丟臉，當時才讀小學二年級，站在安全島的那半小時，我們身邊堆滿了貨物，來來往往的車輛駕駛都用奇怪的眼神看我們，令他終生難忘。

經常載貨，旅行車或多或少沾染了氣味，尤其是漁貨腥味重。兩兄弟小時候常開玩笑，戲稱我們家的車是「臭魚車」，童言童語沒有惡意，但我聽了有點難過，愧疚沒能給他們好的生活品質。

接手餐廳後，我們幾乎沒時間分給孩子。他們放學後，多數時間自行待在家中，生活自理；比較有空時，會來餐廳陪伴我們。餐廳每週營業七天，我們一週之中唯有星期日的白天休息，通常會開車載他們去海邊兜風，或到附近的景點散散心，因為晚上又得回餐廳開業。有時我們太累，夫妻倆就躺在沙灘上補眠，讓兩兄弟自行抓魚、抓螃蟹。

哪個孩子在成長階段不想要父母的陪伴？我們能給的時間太少，至今想來，這是人生很大的遺憾，是我心頭抹不去的愧疚。

多年後聊起這段時期，冠銘說，他們知道爸媽在為餐廳忙碌，兄弟倆作伴並不孤單，會一起去買漫畫、買零食、看課外書，這種自由對於成長中的青少年沒什麼不好。冠釗則說，自己跟著哥哥到處玩，他講得眉飛色舞，彷彿在安慰我不必自責。

後來我們開設蘭苑餐廳，兄弟倆已十八和十六歲，我曾要求他們來幫忙，就算用打工的心態也無妨。他們沒讓我失望，能做的不只是摺疊餐巾，還做過衣帽間服務員、洗碗工、雜工、招待員等，算是跟著我們一起經營餐廳、一起成長。

經歷一夜牢獄之災，陷入崩潰的邊緣

經營餐廳的苦，超越我前面四十年的人生體驗，苦到我有委曲也無力言語，只能靠淚水宣洩。我從不知道自己原來那麼會哭也那麼會忍，我刷新了對自己的理解，但這樣的自己，我並不喜歡。

我想念那個愛笑愛吃愛玩的蘇綏蘭，但那個自己離我很遠了。每天醒來，我和衣信要趕往市場採購，時間緊湊，忙碌讓我們急急忙忙前行，忘了曾經牽手、漫步、看櫥窗的心情。

「馬不停蹄」是我們那些年的寫照。衣信雖然智商很高，但經常忘東忘西，此時的我已沒有餘暇去幫他注意這些事，終於有一天倒了大楣。

某天深夜，衣信開車載著我與另一位廚師從外燴宴席的場地離開，半路被警察攔下臨檢。警察要求看車子的註冊證件，要我立刻下車，粗魯地將我帶上警車並加上手銬，直接開回警察局拘留，無視我的求情及抗議，也不做任何解釋。整個過程發生得很快，衣信和員工來不及反應，我就被帶走了。

我被送進一間三人囚房，其中一人的精神狀況明顯不對，老是想打人。我完全不敢想像明天會怎樣，因為連今晚我或許都難以跨越。另一人好奇問我為何被抓進這裡，坦白說，我真的不知道。

打從我來美國，從未見過這樣的世界，這和我所認識的美國完全不同。警察局拘留所的管理員講話非常粗魯，被拘留的嫌犯個個情緒浮躁，裡面充斥著尖叫聲，大家明明都說英語，但不知是口音還是黑話，竟有很多單字是我聽不懂的，我的恐慌不斷上升，覺得自己墜入了地獄。

在令人崩潰的尖叫與咒罵聲中，總算有個警察出現，他叫喚我的名字，說可以打一通電話。我想了一下，沒有打回家，而是打給老朋友魯伯夫婦（Mr. & Mrs. Luber），他們是市區湖南餐廳的第一對客戶，是費城在地人，是我們在費城最好、最親近的朋友。魯伯夫婦安撫我不要害怕，並承諾會立刻想辦法。隔天一大早，魯伯家的親戚米斯羅夫大律師（Mr. Misroff）來警察局保釋我，衣信也在場，他滿懷歉意看著我，我這才知道，原來因為衣信從沒理會過罰單，而車子在我名下，為了七百美元的罰款沒繳，害我進看守所一晚。

這個驚魂夜，讓向來是良民的我把膽子嚇破了，也驚訝美國警察的權力真大，說鎊人就鎊人，竟然不必做解釋。後來這條法令在費城被廢止，我算是因交通罰款而被拘役的末代倒楣鬼。

一夜牢獄之災的後遺症很大，從此，我的情緒更低落。長期壓力加上這次驚嚇，我常忍不住哭泣，開始覺得自己彷彿奴隸，每天十幾個小時待在廚房，沒有一點自己的時間，不知痛苦何時才能到頭。

我陷入悲傷情緒的流沙，頻頻問上天：誰能拉我一把？這些苦痛，我其實不太敢跟娘家的父母講，我已經未能在他們膝下盡孝，怎好再讓年邁的他們擔憂？

醒著哭，睡著哭，我覺得自己活得無助又混亂，簡直度日如年。我不相信衣信沒有察覺，他大概不知如何幫我，覺得無能為力吧！我經常在早上起床時，看他獨自蹲在院子裡拔草；默默看著他的身影，我同樣覺得無能為力，我也幫不了他。我告訴自己，孩子在長大，愈來愈懂事，但他們還是長大得不夠快，不足以讓我放心。

行到水窮處，圓桌課程讓我轉念跨越難關

在我們接手市區湖南餐廳獨力經營後，有一天晚上，我爆發了。

那天餐廳生意不錯，我在廚房忙得暈頭轉向，無暇到前場看看。等打烊收拾好，同事們已經下班，我走出廚房只剩衣信在，他劈頭大罵：「為什麼帶位的人不能把好位子平均分配給外場服務員？」我的疲累在瞬間化為怒氣：「我在廚房忙到現在，你問我這個？你憑什麼兇我？」說完我摘掉圍裙走出餐廳。

我走出餐廳時，約莫是晚間十點多，只記得街道行人慢慢稀少，我怒氣沖沖地往前走，沒理會自己走到哪，等意識回籠，已過了深夜十二點。理智告訴我：「快回去！晚上治安不好，妳可能會有生命危險。」另一個氣昏頭的我卻說：

「怕什麼？死就死，反正妳活得這麼累，像個奴隸！」這時，我的心在自救，它對我說：「離婚！不要再忍受了。」

這是我人生第一次也是唯一一次興起離婚的念頭。多年後有人問過我：「在最痛苦、最失望的時候，妳沒想過可以離婚嗎？」我給出的回答都是「沒有！」我不是說謊，而是根本把這段往事忘記了，直到撰寫這本書的時候，我忽然想起曾經有過這麼一個夜晚，我憤怒到連命都豁出去，不在乎自己深夜在費城街上會不會碰到變態殺手。我腦子裡嚷嚷著「離婚！離婚！離婚！」直到怒氣慢慢消散，理智逐漸回復，心裡囁嚅發出另一個聲音：「孩子還這麼小，如果爸爸媽媽離婚了，他們怎麼辦？」

等我心情平復，回到家已半夜三點多。門一開，客廳的燈還亮著，衣信從沙發站起來望著我，一臉無措的表情，我立刻接收到他在這幾個鐘頭裡經歷了什麼。看著這個蠢笨的傢伙，我又氣又心疼，我認栽了。

我走進浴室洗漱，熱水溫暖了被凍僵的身體，家的感覺平撫了我。我沒有哭，沒有思考，沒有說話，把自己丟到床上，讓睡眠撫慰我。我知道這一晚過去了，明天孩子要早起上學，而我要去買菜⋯⋯。

小我七歲的小弟勵德，自台大畢業就到美國深造，成就相當不錯，定居在加州的洛杉磯。從小和我很親的他常打電話關心我，察覺到我不時情緒低落，常說著說著就哽咽，而哭泣並非他姊姊從小慣有的習性，這令他非常憂心。

有一天他打電話問我：「姊，妳要不要來找我？我帶妳去參加圓桌教育基金會的課程，或許能幫上妳。」

我接受他的建議去了加州，參與為期兩週的課程，主題為「改變的力量及組織與修練」；課程教導學員如何解開心結、看清問題、克服障礙，進而面對現實，找到解方。

上完課之後我幡然醒悟：無論衣信或我都沒有選擇、沒有退路了，只有眼前這條路；何況我們都有高學歷，怎能輕言放棄？餐廳一定要成功。

我更對自己說：「既然知道沒有退路，何不去做些自己想做的事？不要自囚自困於低谷。」

走出流淚谷之後，我扭轉情緒重拾樂觀與開朗，我知道自己又跨越了一關。

痛失兩位敬愛的長輩，無比哀痛與感念

我們與「校長」雅各布．羅森塔爾結緣得晚，註定我們能共有的時光無法太長。從一九七九年認識，到他一九八一年過世，短短兩、三年的時間，他把一身本領教給我們，也盡心為我們著想，將一位位貴人帶到我們面前。我覺得校長知道自己時日無多，他以生命的餘燼照亮我們的人生，這份心意持續溫暖著我們。

衣信認識校長後才開始學酒，從此以酒會友成為知己。我們知道他因健康出

問題才退休，卻沒想到狀況如此嚴重，已經快走到人生盡頭了。

校長病逝前三個月，我和衣信天天輪流去醫院探望他，老人家有時嘴饞，想念起小時候常吃、但長大後少吃的食物，例如甜甜圈、法國可頌等，衣信就會買回來給他品嚐，雖然他往往只吃一、兩口就無法下嚥，但會陷入美好回憶，能讓他開心，我們都覺得很值得。

我覺得校長是上帝派來的天使，他把人生最後時光留給我們，帶我們進入美食世界一窺堂奧；他教衣信品酒選酒，陪我完成廚師訓練課程，以烹飪界名士的身分為我們鋪路，讓我們站在他的肩膀上用更廣闊的視野去看待餐飲事業。

一九八一年十一月，七十五歲的校長在費城長老會醫院離世，這位「美國爸爸」化為真正的天使，回到天國。我們心中萬分不捨，但也為他祝福，祈願他和摯愛的妻子能在天堂重逢。

《紐約時報》（*The New York Times*）報導校長辭世的消息，並說這位被公認為葡萄酒與烹飪藝術的權威，領導美國廚藝學院從一所小型職業學校，擴展為擁有八十英畝校地的廚師培訓基地，幫助這所學校晉身美國烹飪專業教育的最高學府，對提升美國乃至世界的飲食文化具有卓越貢獻。

由校長一手創辦的費城法國國際美食協會，則在音樂學院為他舉行慈善晚宴，菜單上有道冷湯是我做的，藉以表達我對他由衷的感念與追思。

讓我們更加措手不及的是公公的離去。一九八二年春天是傅家成員最寒冷的黑暗季，因為照亮我們的燈塔倒下了。

我的公公傅幹臣生於一九一一年，卒於一九八二年，享壽七十二歲。學紡織的他走過動盪，從中國到台灣，胼手胝足創建幸福家庭並栽培六個兒女，退休後又帶領家族成員在美國打拚。

公公是俊傑、是鬥士，終生都懷抱著目標。把市區湖南餐廳交給衣信和我之後，他依然非常關心營運，每晚十點左右必打電話詢問當天情形，如果聽說生意不好，有時沒等衣信講完就掛掉電話，如果聽說生意不錯，他會興高采烈多聊幾句，問起有哪些熟客上門、什麼菜受歡迎。公公把餐廳交給我們獨力經營後，從未過問收入，詢問生意好壞是他最直接的關心。

公公的逝世令我們意外且傷痛，他是一位關注健康、認真運動的老紳士，日常會以健走來自我鍛鍊。這樣一位長者竟在送醫急診的隔天就過世，令家人毫無心理準備，他的離去是所有傳家兒孫的損失。

接連失去兩位最親近的長輩，我們內心無比哀痛。若非校長的傾囊相授，我們不可能有後來的發展；而公公將我當做女兒，把市區湖南餐廳交給衣信與我，這份信任，恩重難報。

他們兩位看著衣信和我接手餐廳時跌跌撞撞，卻沒能看到我們後來把餐廳生意活絡起來的場面。日後每當我們接受掌聲，都不由得遺憾：「如果公公和校長能看到這一幕，會有多高興！」

與鮑姆社長結為摯友，他引導我們不斷進步

校長的過世，是我們與羅素．鮑姆社長共同的損失，我們都失去了一位指點人生的前輩。或許源自這份共感，或許是因校長的託付，在校長過世後，羅素與我們更加親近，彷彿接棒成為我們的守護天使。

羅素是一位兼具理想與魄力的領袖型人物，而且為人非常誠懇。經由校長推薦，他於一九八〇年接任費城法國國際美食協會的社長，盡心發展社務，讓費城分會成為美國最活躍的美食社團。

羅素．鮑姆社長

他如兄長般對我們真心相待。有次閒聊，我說不喜歡魚子醬，覺得味道太腥，幾天後在即將打烊時，他和妻子海倫帶著一盒歐洲鰉魚子醬（Beluga Caviar）與一瓶法國香檳（Dom

Pérignon）來到店裡，要我和海倫進廚房準備切碎的蛋黃、蛋白、紅洋蔥及酸奶油製作拌醬，他則邀衣信上街去買布利尼薄餅（Blini），我們四人就著香檳、薄餅和拌醬，吃完一整盒魚子醬。朋友的熱情掃除了我們一整天的疲憊。

羅素的心意很單純，他覺得魚子醬如此美味，身為廚師的Susanna如果不懂得品嚐它的好，未免太可惜了，因此他要把最佳品質的魚子醬帶來給我們嚐嚐。歐洲鰉魚子醬被稱為「魚子醬之王」，我沒想到它的油脂如此香醇濃郁，口感滑潤，完全改變我對魚子醬的刻板印象，這才明瞭西方人為何如此珍視它。由於過度捕撈，野生鱘魚愈來愈少，珍貴而美味的魚子醬不容易買到，羅素卻如此慷慨地和我們分享最好的食物，整個過程令我動容，他是真心把我們當做好朋友。

我們兩對夫婦非常要好，透過他們的介紹，衣信和我在美食社團漸漸認識一些同好，大家一起享受美食與美酒，交流廚藝與生活，我們在費城有了知心好友後，心情漸漸開朗了起來。

一九八四年，羅素．鮑姆夫婦邀請我們一起去旅行，他說：「我倆想去法國米其林餐廳朝聖，你們要不要一起來？」我很心動卻放不下餐廳，衣信默默聯繫大哥，感謝大哥幫我們照管市區湖南餐廳兩週，這趟米其林之旅才得以成行。

此行以走訪米其林最高星級餐廳為目標，我們四人共品嚐了八家三星級米其林餐廳。這次的旅行徹底翻轉了我的生命，堪稱「奇幻美食之旅」。

法國三星級米其林之旅，領略文化之美

一顆「不得不」的心，和一顆「甘願做」的心，兩者究竟有多遙遠？對我而言，或許只相隔一趟法國米其林之旅。這年我四十二歲，人生終於找到前進的方向，可算四十不惑。

兩對夫妻相約同去法國米其林餐廳朝聖。羅素．鮑姆社長從一九八四年一月

著手規劃，他體諒我們開店忙碌，便自行攬下所有聯繫的差事，無論交通、住宿或餐廳，全由他一手包辦。

我們四人在秋高氣爽的九月啟程飛往巴黎，下榻在克里雍大飯店（Hôtel de Crillon），當晚在旅館的大使餐廳（Les Ambassadeurs）用餐，餐廳建築為法王路易十五所建，因此有宮廷餐廳之美名。

依照羅素規劃的路線，除了大使餐廳，還另外走訪七家三星級米其林餐廳，包括：

- 巴黎第五區的銀塔餐廳（Tour d'Argent），於一五八二年創立，是該城市最古老的餐廳之一，可以看到塞納河。
- 巴黎第八區的泰爾馮餐廳（Taillevent，意為切風者），於一九四六年創立，因紀念法國十四世紀第一位出版食譜的御廚紀堯姆．蒂雷爾

（Guillaume Tirrell），而以他的綽號「切風者」命名。

‧蘭斯的古堡飯店（La Chaumiere in Reims），這裡以香檳著名，主廚博耶（Gérard Boyer）廚藝精湛。

‧沙尼的拉莫洛斯（Maison Lameloise in Chagny），在以葡萄酒著名的勃艮第發展特色料理，已經營三代以上。

‧烏謝的特魯伊斯格羅斯（Troisgros in Ouches），一九三〇年創立，已傳承三代仍能添加新元素的創意法國菜，至今依然表現亮眼。

‧厄熱尼的米歇爾蓋拉爾（Michel Guérard in Les Prés d'Eugénie），主廚本身的創業故事充滿傳奇，被譽為新潮烹調的創始廚師之一。

‧伊亞厄塞爾恩的三號客棧（Auberge de l'Ill in Illhaesern），除了美食還有秀麗的河畔風光，許多歷史名人曾蒞臨這家老牌餐廳。

這趟旅途，我們不僅品嚐到最高檔的米其林佳餚，也投宿在米其林餐廳所屬的飯店中，見識各式富麗堂皇，並領略法國宮廷美學。驚嘆之餘，我終於明白為何法國人的生活品味出眾，該國文化之美，有如歐洲文明史上的璀璨寶石。

透過身心靈饗宴，確認一生職志

世界兩大料理是法國菜和中國菜，法國菜歷來被尊為「西餐之首」，英文的「餐廳」（Restaurant）一詞即源自法文，足見法國菜歷史之悠久、地位之崇高。在這八家米其林三星級餐廳裡，我能感受主廚對食材的堅持與對烹飪的鑽研，以及他們對於葡萄酒的用心與信心。法國人對本國食材落實「標註法定產區政策」，嚴謹執行來確保食材的新鮮與天然，這份公信力由舉國上下共同維護，集眾人之力一起打造法國飲食文化的地位。

我所吃到的米其林法國菜，每道醬汁靈活運用了高湯、酒類、奶油、牛油、香料、水果等，雖只是佐味之用，繁複工序卻不亞於主菜，這是極為細緻的餐飲文化，在講求風味的同時，也注重技巧、裝飾與配搭，每道菜豪華又細緻，讓用餐者化身為飲食藝術的一部分，與主廚有了共鳴。

整體而言，法國菜給予我一種尊貴的奢華感，食材高級、餐儀優雅，連外場服務都無懈可擊，用餐經歷就是一場身心靈的饗宴。每一位星級主廚各有其天賦與專精，其共同特色是對做菜充滿熱情，以紮實嚴謹的基本功為廚藝根柢，盡情揮灑創意，無論視覺呈現或味覺體驗都令人驚豔；其廚藝之精湛，令每道菜成為藝術創作，廚師不僅是廚師，更是創意藝術家，用一盤盤的料理展現生命內涵。難怪二〇一〇年十一月聯合國教科文組織將法國菜登錄為世界無形文化遺產，真的太可貴了！

旅行期間去的米其林三星級餐廳，兩個人的餐費竟然只要一百美元左右，真是物超所值。這趟旅行美好而愉悅，其力量卻足以翻轉我的生命——看到這麼多優秀的主廚、做出如此精緻的餐點，深深觸動我心，我要像他們一樣做著喜歡的菜給客人吃，我想要追求跟他們一樣的快樂與滿足。

我終於確認要以推展餐飲文化做為自己一生的職志，我想做出自己喜歡的中國菜，讓更多人愛上中國菜。

這趟旅程還為我開啟了另一扇窗，我領悟到自己在廚藝方面有潛能，於是激勵自我力求創新。自幼喜愛花草的我告訴自己：「上天創造如此多的芬芳植物，我該設法保留它們原來的味道，透過烹飪分享給更多人。」因此回美國後，我強化新鮮食材的運用，此舉不僅導致成本增加，還需花更多時間在採購與食材整理上，然而美味是最佳報償，從客人的表情你會知道自己做對了。

愈是執著於這麼做，愈是徹底翻轉我對烹飪的認知。我真正愛上做菜，且明確告訴自己：「我要認真看待廚藝，將它當做今生的追求！」

賦予中國菜新生命，餐廳生意漸有起色

如同法國菜經過長時間淬鍊而形成，中國擁有五千年歷史的深厚底蘊，經世代流傳而留下諸多名菜，這些菜各有其原理與作法，值得有系統的研究。

我有遺傳自母親極敏銳的舌頭，對飲食記憶比一般人細膩而深刻，在烹飪技巧上已有一定水平；因擁有天賦並吸收不少養分，我鼓勵自己去創新、去研發，賦予中國菜新生命。

好比食材選擇，我喜歡用當地當季盛產的新鮮蔬果入菜，以漸進方式變化菜餚，將新菜介紹給顧客。以沙拉為例，我運用新鮮的馬蹄和蓮藕入菜，並大膽選擇中國廚師少用的各種鮮菇、墨西哥辣椒等，既豐富味蕾也更接地氣。

如果非用現成罐頭醬不可，我堅持加入薑、蒜、酒及高湯重新煮過，改變其風味。

醋與酒對做菜很重要，我以義大利巴薩米克醋來代替兒時記憶中的山西陳醋，只因兩者味道有些接近。巴薩米克醋是做沙拉的好幫手，搭配橄欖油可激發食材的清甜，效果遠勝過美國醋。

我始終不滿意美國進口的紹興酒品質，便改用伏特加酒及白蘭地或威士忌來代替。

當我篤定要以廚藝為人生方向，我有自信去創造「我認為好味道的菜」，不再去揣摩顧客「習慣的中國菜」；我擺脫傳統框架，結果反而更能博得饕客的心。於是，我的信心更加堅定，市區湖南餐廳的口碑也一天勝過一天，餐廳生意終於有了起色，不僅有商業客，還有外地專程來用餐的慕名客。我們開始擁有每週蒞臨的常客，許多費城名流、具聲望的猶太人、知名餐廳主廚等，也成為我們的座上賓。

揮別市區湖南餐廳，這八年是我的關鍵過渡期

就在前景一片看好時，變數出現了。

一九八六年傳出消息，市區湖南餐廳的對面要興建大型百貨商場，帶動街區房地產漲幅達到數倍，這是房地產投資高手都未必碰得到的好時機。傅家手足都覺得機會難得，於是召開家庭會議，決定把市區湖南餐廳這棟建築物賣掉，獲利了結。

經營市區湖南餐廳期間，我們都沒支薪，但財務由衣信掌管，他負責付銀行貸款、員工薪資、食材採購，還有孩子的學費，因此沒有餘錢可回饋家族。遇到房地產景氣的好時機，家族想出售合情合理，然而這象徵公婆移民以來的事業、我們八年來的參與都要終結。第一時間衣信與我都慌了，我們必須另找店面。

羅素・鮑姆社長聽到市區湖南餐廳要出售，感到非常惋惜，同時替我們擔心

出路；他甚至主動幫忙，為我們積極尋找新店面。

如何看待投入市區湖南餐廳這八年呢？我將它定位成「轉變做菜方向的關鍵過渡期」，這段漫長且辛苦的磨練，給予我機會慢慢摸索，讓我成為一個真正的廚師，也決定走上這條路不回頭。

我運用法國料理醬汁的作法來調製中國香料，雖然端出來的菜色是歷史悠久的中國菜，但食材組合、醬汁作法都是原創的，等於賦予老味道新口感。加上我們營造法式餐廳的氣氛來經營餐館，無形中，已提升中國菜在消費者心目中的地位。有人問我：「這番改變是為了適應美國人的飲食習慣嗎？」是的，結果證明這樣做很受歡迎。而衣信對酒的研究不斷加深加廣，對外場的掌握也日益純熟，我覺得我們倆應該有實力另起爐灶。

為兒子做的椰汁西米露

椰汁西米露是我在瓦爾帕萊索常常做給兩個兒子吃的小點心。下午三點放學後，我會給冠銘和冠釗一人一碗西米露，常搭配不同餅乾做點心。等他們開心吃光光，便跑到後院玩耍，直到爸爸下班回來，全家人圍著餐桌共進晚餐，聊聊一天的生活。

通常我在做西米露之前，會先煮一鍋香料水，用它煮西米露可增加香味。我會同時煮一鍋椰奶汁，將煮好的西米露先過濾再放入椰奶汁，這樣做出來的西米露味濃香甜，是我家兩個寶貝非常喜歡的甜品，也是蘭苑餐廳開張後，最受客人歡迎的甜點之一。

椰汁西米露深受我家兩個寶貝及客人的喜愛

西米露材料

小西米露1杯

肉桂2根，切半

八角3顆

丁香6顆

薑1塊，切成薄片

水1加侖，約3.78公升

椰奶汁材料

椰奶1罐，約400cc

水4杯

純香草精1湯匙

糖3/4杯

柑曼怡香甜酒4湯匙

青檸檬1顆，榨汁，保存於碗中備用，另用檸檬皮磨出少許細屑

作法

1. 在大鍋中放入1加侖的水、肉桂、八角、丁香和薑。將水燒開，再煮30 分鐘。水會因香料浸漬而呈現棕色。過濾並丟棄香料，將香料水留在鍋裡。
2. 將椰奶、4杯水、純香草精和糖放入另一個鍋中煮沸。把火調小，攪拌15分鐘後，關火，放在一旁備用。
3. 將西米露加入香料水中，煮沸後調成中低火，再煮7至10分鐘。請持續攪拌，直到西米露呈半透明狀。
4. 用細鋼勺過濾，將西米露加到溫椰奶汁中，攪拌至所有西米露顆粒分離，再置於一旁冷卻。如果太濃，可加些水。
5. 加入檸檬果皮細屑、檸檬汁和甜酒，再轉移到一個大玻璃容器中冷藏。西米露冷藏可保存一週。
6. 食用前，可於西米露撒上切丁芒果或其他新鮮水果，也可加冰淇淋增添風味。如果西米露太濃稠，可用天然不加糖的椰子水稀釋。

第六篇

獨立創業大放光芒

1987～2009

鮑姆社長鼎力幫忙，順利在市中心找到店面

從一九七九年搬到費城加入市區湖南餐廳，至一九八一年獨力經營，再到一九八七年家族決定出售而結束營業，是我人生中最艱辛的一段。一九八七年六月我們結束市區湖南餐廳，再度步上不知未來前途的不穩定狀態。而衣信已經遠離學術界，不可能走回頭路。

得知市區湖南餐廳的建築能以高價售出，我寬慰衣信：「我們對得起爸爸把餐廳交給我們經營了。」而投入的八年時光並未白費，衣信與我累積深厚的餐廳管理經驗，我更於廚藝下功夫，摸索出一套自己的想法，確認未來要走的方向。

回首在市區湖南餐廳的最後兩年，餐廳漸有起色。想開新餐廳得先物色到合適地點，而這需要一些好運。由於長期繳交銀行貸款和兒子們的私立學校學費，我們根本沒有積蓄，只敢往較偏遠的地區找店面，令許多費城好友如魯伯夫婦、

羅素・鮑姆夫婦都很替我們擔心。

在這期間，小弟勵德問我要不要去加州試試看，如果我們有意願，他可以幫忙找店面。考量我對加州餐飲界缺乏瞭解，到全新地方開業的難度比留在費城高，於是婉謝他的好意。

我們的好友羅素・鮑姆不愧是交遊廣闊的美食社團社長，他積極為我們打聽。一九八七年六月，羅素尋覓到一個絕佳之所，在距離費城市政廳不到五百公尺的核桃街（Walnut Street）一五一二號找到合適店面——這棟位在市中心的五層樓建築，屬於費城最繁榮的地區，不僅是三角窗，且和市區湖南餐廳只有兩條街的距離，走路大約五、六分鐘，熟悉當地的老客人很容易找過來。

房東是市區湖南餐廳的老顧客，他告訴我們，原先打算與一家英國公司合作開小旅館，孰料對方撤離美國市場，合作案便被擱置；後來租給亞瑟牛排館（Arthur Steak House），這是費城知名且營業四十年的西餐廳，卻因員工決定組織工會，老闆索性不開了。他們之間的租約還有七年，如果我們有意願承接，他願意把原租約從剩下的七年延長為十年，租金固定每月三千美元，這提議保障我們免除了房東隨意漲價的風險。八月正式簽約後，衣信決定盡快開業，並將開幕日訂在十月份。

以Susanna Foo為餐廳之名，設計新商標

當市區湖南餐廳要賣的消息傳出，很多好友給予關懷，鼓勵我們務必再開一家新餐廳。老客戶蘇珊．科恩（Suzanne Cohn）是一位猶太富翁的妻子，向來對我們很支持，她認為我們的餐廳菜品有諸多創新，早已脫離一般傳統中國餐館，有我個人的風格，因此建議餐廳用「Susanna Foo」為名。衣信覺得這是好主意，當下敲定店名為「Susanna Foo Chinese Cuisine」，中文取名為「蘭

苑」。這是我們一生最好的決定。

起初我有點不好意思，這是夫妻共同事業，怎好將光環集中在我身上，尤其是接電話時先要報出自己的名字。但衣信堅持這麼做。

簽約後我開始設計餐廳商標。協助我完成設計的是葉蕾蕾（Li Li Yeh），她是從台灣到美國發展的藝術家，也是費城名人，感謝她以朋友身分替我設計商標。葉蕾蕾揮毫寫下的Susanna Foo充滿藝術氣息，她還在白色菜單的封面底部用毛筆畫了一株蘭花，格調雅致而大方。

葉蕾蕾設計的蘭苑logo

沒錢裝潢一切從簡，我們決定沿用牛排館的餐桌椅與廚房設備，只添購三個中國炒鍋。酒吧後方的巨大玻璃噴刻著「Arthur Steak House」的字樣，如果換掉玻璃得花一大筆錢。我們靈機一動，跑去中國城買了一副春聯回來貼，正好把那幾個字遮掉。中國春聯不外乎充滿希望的吉祥話，客人問起，衣信和我就現場中翻英。

進餐廳的前玻璃門，上頭噴印著大紅色的Susanna Foo Chinese Cuisine，同樣出自葉蕾蕾的書法。我們沒有製作大招牌，所以剛開始在核桃街營業時，常有人在門口東張西望，想確認蘭苑是不是開在這裡。

設計新菜單，突破傳統改變上菜模式

拜法國三星級米其林餐廳之旅所賜，那些主廚常出現在我的腦海，時時提醒我發揮創意，展現我對餐廳與菜餚的想法。第一個被我選出來做為突破點的，是上菜方式。

我不再自我侷限，但仍設立「兩大方針」提醒自己：一是做我喜歡的中國菜，二是順應美國人的飲食習慣。

我模仿美國高級餐館的菜單，分為八大類，包括熱的開胃菜、冷的開胃菜（冷盤及沙拉）、湯、海鮮、雞及肉類、蔬菜、麵及飯、餐後甜點。這樣的分類邏輯有助於顧客抉擇想吃的菜。

中餐館出菜是一盤接一盤上桌，每道菜由所有人共食。但據我觀察，美國人除非是夫妻，否則少有共食習慣。我決定捨棄中餐館的傳統出菜方式，針對美國人尊重個體差異的習慣，改為西方菜的上法，推出後頗獲好評。比方說，兩位客人一起走進蘭苑，可能各自點了頭台（即前菜，往往包括沙拉、湯、熱的點心如餃子，或煙燻鮭魚、鑲辣椒、鑲櫛瓜花等）和主菜，他們其實各吃各的。因此，我改用美式主菜套餐的概念來設計，舉例來說，每道主菜無論是香酥鴨、糖醋石斑、煙燻脆皮乳鴿、煎牛排或烤羊排，我都為它們搭配味道與口感合宜的時令新鮮青蔬、澱粉菜及廚房事先調製好的醬汁。

我對食材的要求很明確，盡可能採購當地當季的生鮮，除了上市場採購，還

美國顧客非常重視餐後甜點，蘭苑一開始就供應甜點，全盛時期廚房甜點師傅有六人

會向鄰近好口碑的小農選購有機蔬菜、沙拉幼苗、羊肉與鴨肉；此外，我力求達到校長不斷強調的「廚房品管」，將這變成例行步驟。

我很清楚，中國五千年歷史蘊含而生的飲食文化是我的根基，美國廚藝學院教導各國菜系的作法則是我的技能，我必須重新融合兩者，靈活創造自己的風格。我以醬汁來調控菜餚的質與量，要求廚師的刀功，確保廚房做出的每道菜同樣精緻、美觀、衛生、劃一；換言之，我不僅要追求自我創新，還要帶領廚師團隊維持品質穩定。

對內，我加強跟廚師的溝通。我告訴他們，現代廚師擁有科學工具，無論對重量、溫度和時間都控制得比從前更精準，因此每道菜都該被更仔細地對待。基本上，一份肉類大約八至十盎司，在開門營業之前會一碟碟先準備好，我已制訂每道菜應淋上多少醬汁，通常以勺為單位，廚師無須不斷去秤重。這些規矩固定之後，同一道菜的口味與分量就該一致，這不僅是廚師對自我的要求，也是對客人的尊重。

又以開胃菜為例，有肉厚又辣的煎墨西哥辣椒鑲肉、煎烤大蝦夾菠蘿洋葱、新鮮馬蹄沙拉搭配有機生菜及柑曼怡香甜酒浸泡的枸杞、烤煎茄子沾義大利醋、百角蝦球淋新鮮番茄醬汁、義大利式龍蝦餛飩佐毛豆泥、豬肉煎餃、小牛肉餃搭三小時熬煮的墨西哥辣椒醬汁，以及用蝦皮雞骨熬的蝦肉餛飩湯等。

上述菜色中，有我憑直覺創新的味道，也有經我改良的中國菜，兩者的共同特色是完全不用味精，只用新鮮辣椒、青蔬及特製醬汁。我要求出現在蘭苑餐盤裡的任何佐菜，都必須能吃且好吃。

那些美好的味道填滿我兒時的幸福記憶，內化成我的天賦，如同音樂家天生有敏銳的耳朵，再經過多年摸索與學習，這份能量讓我在蘭苑盡情發揮，產生有別於以往的爆發力。

我常提醒旗下廚師：「好廚師須與時俱進，中國菜好吃的標準會隨時代而變化，大家要有敏銳之心。」

與此同時，感謝父親的教育，讓我始終保持理性判斷。我做的是中國菜，但顧客幾乎都是美國人，我不能忽略文化差異，這正是我為自己立定兩大方針的原因。從一開始，我構思的就是英文菜單，我期許自己能吸引更多美國人愛上中國菜。

邀請百位老顧客慶開張，被譽為費城最好的中餐廳

一九八七年十月七日，蘭苑正式開張。考量一樓有一百個座位，於是我打電

話邀請一百位老朋友與老顧客前來熱鬧一番，卻沒想到，開幕當天來了三百多位貴賓。我想，因為大家很疼惜衣信與我，我每邀一位貴客，他就帶著另一半同行，或領著要好的朋友來跟我們認識。

賀客盈門，不僅門口車水馬龍，餐廳內更擠得水洩不通，其中包括許多費城名人。有人提醒我：「這些貴客裡，約有六成是費城最有錢的人。」

我可以更客觀地說，來的這些貴客裡，十成十是我們的支持者與摯友，他們都是衣信與我生命中的貴人。感謝大家的蒞臨，當天我們收到最好的祝賀，大家也在蘭苑吃到我精心準備的創新菜色，儘管爆滿有點失禮，但瑕不掩瑜，算是賓主盡歡。

蘭苑的開幕活動非常成功，但開張後的幾週生意有些清淡，許多老客人還不知我們已重新開業。衣信開始緊張，我則擔心會不會像市區湖南餐廳那樣冒出美食記者的唱衰文。

十一月初，大概是開張三、四週之後，《費城詢問報》有篇報導蘭苑的文章，稱讚蘭苑是費城最好的中餐廳。這篇文章一出現，我和衣信心裡的大石頭總算放了下來。

榮耀不斷、獲獎無數，媒體佳評如潮

一九八七年底，蘭苑開張不到三個月，就被《君子雜誌》（*Esquire*）選為「全美最佳十大新餐廳」。這篇報導的作者約翰．馬里亞尼（John Mariani）是多家重量級美食雜誌的特約記者，評論深具權威性，被《費城詢問報》稱為「大眾媒體中最具影響力的美食美酒評論家」。後來我才曉得，一九八六年有位法

重量級美食雜誌特約記者約翰．馬里亞尼

國廚師帶他到市區湖南餐廳用餐過，他對我的菜留下深刻印象；當蘭苑開張，他蒞臨後給予更高的評價。蘭苑因這篇報導備受矚目，生意又漸漸復甦。

我個人的榮耀也隨之而來，喜悅之情在我與衣信的心間流淌，每當高興時刻我們握緊雙手，都能感受到彼此的歡喜。

1989年獲選《Food & Wine吃好喝好》年度十大最佳新廚師

一九八八年底，《今日美國》（*USA Today*）評選我為美國最佳女廚師之一。

美食餐飲月刊《Food & Wine吃好喝好》編輯部有個傳統，每年會由全美一百四十九位美食餐館評論家，選出十位最佳新廚師。一九八九年我獲選為年度十大最佳新廚師，與知名的大衛・鮑利（David Bouley）、松久信幸（Nobu Matsuhisa）

同登榮譽榜，我還成為費城有史以來第一個拿到這項榮譽的廚師。

一九八九年七月舉辦「美食美酒節」（Food & Wine Festival），我橫越半個美國到科羅拉多州亞斯本（Aspin）領獎。當天晚宴上，獲獎廚師每人要做一道拿手菜，我做的是小牛肉餛飩，以小牛肉加薑末和野菇做餡，放在我用三小時熬煮的墨西哥辣椒、番茄和紅椒做成的濃醬汁上，獲得許多人的讚賞。

衣信陪我出席每一場盛會。我做菜的時候，他是最懂我的助手，他這一生儘管不會說甜言蜜語，但總是陪著我，我深信這樣的日子會長長久久，直到白頭。

除了媒體，美食社團也給予我肯定。一九八九年法國國際美食協會和埃斯科菲耶協會（Les Dames d'Escoffier）都頒獎給我，這也是豐收的開端。此後不斷有報章雜誌出現關乎蘭苑的評論，往往讚譽有加，餐廳開始天天客滿，顧客用餐通常得提前一至兩週訂位。這番盛況超乎衣信與我的預期，令我們振奮。

反省並找出原因是我的思維習慣，我覺得自己之所以受到評論家青睞，關鍵因素可能是我突破中國餐館的制式作法，也捨棄美國廚師慣用的奶油與起士，選用當地最新鮮的食材並巧妙融合法國菜的醬汁，賦予古老的中國菜新靈魂，在不失傳統特色的前提下，讓他們品嚐到新滋味，有了新感動。

在得獎過程中，有些事情給我很深的感觸。當年女性在廚房的地位低，常被男性看不起，全美的女廚師極少，《今日美國》評選最佳女廚師，我以移民身分躋身其中，這令我覺得感動，並油然產生使命感，我好希望女性廚師能獲得公平對等的待遇。

往後還有一些得獎紀錄與報導，例如我和六位知名女主廚一同參與《食藝雜誌》（*Food Arts*）一九九二年九月第二期的封面拍攝，留下難忘的經驗。多數評論家給予我的定位，大致是「賦予中國菜新生命」、「在中國菜融入法國菜與各國菜的優點」、「突破中國式與美國式的傳統作法」。對於這些講評，我都心懷感激。

《食藝雜誌》（*Food Arts*）1992 年 9 月第 2 期封面

回台探親，從東南亞旅行中發現創意新元素

一九七六年從新竹搬到美國印第安納州之後，我們始終未曾帶孩子回台灣。儘管經常和我父母以寫信聯繫，但彼此的想念未曾止歇。我對雙親的掛念，衣信全看在眼底，但隨即遇到出售市區湖南餐廳，又緊鑼密鼓找新店面、張羅蘭苑開業，我們急於穩住腳步而未能返台。

直到一九八九年一月，衣信決定讓蘭苑停業兩週，和我一起帶著兩個兒子回台灣探望外公外婆，並計畫離開台灣時，全家繞去香港及泰國旅遊。

當年離開台灣，冠銘尚未讀小學，本次回台他已是康乃爾大學生物系學生；至於冠釗當年只有四歲，此時再過不久，他即將進入史丹佛大學商學院就讀。

再見雙親帶給我莫大的激動，我已十幾年沒能承歡膝下，覺得對他們兩老很虧欠。萬幸的是，我的父母還算硬朗，看到我們很高興，沒想到我們居然把餐廳

做出名了。我也很開心看到二弟勵明和他美麗的妻子麗雪，還有可愛的孩子們。

我們後來轉赴香港度假，住進文華酒店，這趟旅行我們在文華酒店品嚐到最精緻的廣東菜，以及很多道地的香港小吃。大弟勵平的妻子良玉，她姊姊定居香港，在福臨門餐廳設宴款待我們，我第一次吃到如此貴重的珍饈，包括香港人燉的雞湯、煨的整支排翅、燜的巨大鮑魚、清蒸的桂魚等，這次香港遊讓我對廣東菜的精緻講究有更深的認識。後來我曾多次帶父母去香港散心，同時學習廣東菜的精華，品嚐各式新菜；每次旅行都增廣我的廚藝實力，並在記憶庫裡儲存了不少新味道。

我們在泰國入住曼谷有一百四十年歷史的文華東方酒店，我同時參加旅館辦的三天泰國烹飪課程。早上坐在河畔欣賞美麗的河岸風景，品嚐添加大量香料的海鮮粥，其味道鮮美但完全不同於中國式的煲粥。我很喜歡泰國菜，他們大量使用季節性的當令食材，很多調味是以新鮮香料及草藥來完成，尤其是泰國咖哩基本是完全用草本香料組成令我著迷。我更願意用「複雜而美味」來形容。

回到美國之後，我開始嘗試使用泰國椰奶、咖哩、魚露、辣涼菜，並將七種新鮮香料如檸檬草、泰國青檸、羅望子等開發成新口味的泰式醬汁，為我做的中國菜增添新味道。

想起回台探親時，母親笑說她從小喝羊奶、吃乳酪，所以長得比我高，聊著聊著，她懷念起兒時吃的炸羊乳酪。回到美國後，想起母親懷念的神情，我便用費城當地的羊乳酪沾日本麵包粉去油煎，做出來的成品果然美味，我猜母親會喜歡。我還包了小餛飩，在油鍋快速炸過取出，和炸羊乳酪搭配烤甜菜、沙拉一起吃，很受顧客歡迎。

旅行帶給我巨大收穫，衣信和我約定「再忙也要適度休息」，利用每年七月的暑假淡季一起去歐洲，至於一月寒假則給我一個呼吸的空間，由我自行返台，回父母身邊當幾天「蘇小姐」，他則留在蘭苑坐鎮繼續營業。

將母親懷念的炸羊乳酪，做成炸羊乳酪餛飩搭配甜菜沙拉

很感謝衣信給我個人空間，讓我利用每年冬天餐廳的淡季，定期回台北度兩週假期，這是單屬於我的時光，我非常珍惜。我可以完全放鬆自己，什麼事都不做，沒有壓力，沒有責任，成全我與雙親的相處，也彌補了我遠離家鄉未能盡孝的遺憾。

有時我會覺得，自己就像一支手機，需要回到充電座安靜待上一會兒，等電力充飽後，我又能繼續打拚。台灣是我的故鄉，每次回到父母身邊，我總能積蓄滿滿的能量。

話說蘭苑第一次年休，宣布暫停營業兩週，為了讓顧客有心理準備不至於撲空，我們還找了電話公司幫忙接聽電話，持續接受訂位。兩週後回到費城，看到密密麻麻的訂位單，我感到又驚又喜，衣信笑著對我說：「以後妳可以放心休假了吧？」

訪歐汲取新靈感，在義大利竟發現家鄉味

一九九〇年七月，衣信、我和小兒子冠釗一起去義大利旅行十天；這個夏天，冠銘進入匹茲堡大學醫學研究所，課業繁重無法和我們同遊。

我們租車從威尼斯開到羅馬，多數時候由冠釗駕駛。一路上，我們品嚐了許多家有名的義大利麵，意外發現，義大利麵食與我奶奶做的山西麵食竟有許多相似之處。比如貓耳朵，這是南義大利的傳統麵食，形狀與作法很像我奶奶做的山西貓耳朵。義大利餐廳的各類麵條大都現做、現賣，我們在一個小城裡用餐，冠釗等了半小時才吃到第二碗麵。這跟我奶奶一碗一碗煮，有異曲同工之妙；義大利甚至有一種麵，也跟奶奶做的撥魚很像。

在威尼斯，我們住進格拉西宮度假村，當晚吃到永生難忘的美味海鮮燴飯。這道燴飯使用阿柏里歐（Arborio）大米，是義大利燉飯常用的食材，有點像東

方的糯米，質硬而圓胖，但吸水性稍弱，不易熟，所以廚師在鍋裡加入高湯、起士和牛油慢慢燜煮，燉出來的米飯變得濃稠而厚實，湯汁精華盡在其中，每一口吞嚥後仍有餘味，讓我們有滿滿的幸福感。

義大利餐前小吃（antipasti）也很有特色，東方人習慣稱之為開胃菜或前菜，有點像我們酒席上的冷盤，不過樣式更豐富。在羅馬，有家餐廳以餐前小吃著稱，近五十種冷菜令我們驚豔，種類琳瑯滿目，有泡過橄欖油的青菜、蘑菇，以及各種煙燻肉、起士、臘肉、熟冷海鮮、薄火腿和波倫塔等三十多種。波倫塔是用義式玉米粉做的玉米渣糕，有的口感較細嫩光滑，應該是加了奶油之故。我很愛義大利的陳年黑醋，又稱巴薩米克醋，它的味道很像山西陳醋，讓我有種「他鄉遇故知」的喜悅。這趟義大利之行我學習到不少，口腹享受更多。回美國後，我的廚房開始只用巴薩米克醋調味。

從此每年七月我和衣信都會到歐洲旅遊，就算孩子長大後愈來愈忙，我們倆還是堅持走訪了法國、義大利、西班牙等國家，既為了度假，也為了增廣見聞，讓我的烹飪技藝更上層樓。

走訪法國南部，地中海鄉村菜融入菜單

一九九二年的旅行特別值得一提，那年我們走訪法國南部，品嚐地中海美食。

好友哈雷與桑尼．道爾（Harry and Sunny Doyle）夫婦在法國南部安提法有一間公寓，他們在一九九二年邀請我們前往，並事先幫我們租了一間可住兩週的遊客公寓。那裡的夏天天氣溫和、乾燥、雨量少，人們生活悠閒，更因為有新鮮迷人的地中海美食，我非常喜歡。安提法的地中海飲食與法國傳統飲食截然不同，使用當地出產的橄欖油，完全不用牛油，醬汁的作法也趨向簡單化，以保留

新鮮原味為第一。

每天早上，我熱衷於逛安提法或尼斯的露天市場，就像我兒時所逛的台灣傳統菜市場，幾乎每個攤位都擺滿各式青菜、水果、野菇、鮮花、海鮮、起士等，市場所有水果都是當地農民等果實成熟後才摘採出售。我特別受農民自製的橄欖油與新鮮櫛瓜花吸引。每天晚上，道爾夫婦會帶我們去附近的城市，如尼斯、坎城或安提法的餐廳共進晚餐，有時還會開車到北邊的義大利小城兜風，真是美好的度假時光。因為這裡太令人留戀，我們在一九九四、一九九六又先後去了南法兩次。

回到費城後，我將法國南部地中海區鄉村菜融入我的菜單。例如朝鮮薊，這是地中海蔬菜，價格不斐，吃起來有點像筍子，但處理格外費工，在美國只有夏季才買得到，而且處理半天只剩一點點。我用橄欖油清炒朝鮮薊，或以低溫油燜做為前菜，再淋點巴薩米克醋。又如櫛瓜花，我會裹粉炸，或在花裡鑲入蝦泥，用小火煎熟就是好看又好吃的菜。

一九九三和一九九五年的春天，羅素・鮑姆為費城法國國際美食協會舉辦為期一週的法國巴黎之旅，我們報名參加了。我們再度住進巴黎的克里雍大飯店，每天品嚐米其林三星美食，包括我一九八四年去過的銀塔餐廳和泰爾馮餐廳。

記得在泰爾馮餐廳吃午餐，主菜是烤鴿子，鴿子還帶血，泰半會員都不敢吃，但搭配的醬汁非常濃厚香醇。銀塔餐廳聞名的法國血鴨類似中國烤鴨，但作法更複雜，先切割鴨胸，再用專業壓榨機壓出新鮮全鴨的血及鴨骨汁，然後用鴨骨及鴨血煮成濃厚鴨汁配煎過的鴨胸。這些法國大廚花很多時間鑽研醬汁，我深刻感受到法國菜的靈魂。這次旅程，還安排我們到一間法國米其林一星餐廳實習。

透過旅行，我將異國元素帶入我的廚房，不論泰國香料、義大利餐前小吃、法國米其林饗宴或南法鄉村料理，都帶來啟迪，讓我創造出更多中國創意料理。

國外旅行、國內觀摩都豐富了我的視野，好的元素被我慢慢加入蘭苑的菜單，其中前菜增長得最多，包括煎鵝肝、煙燻三文魚（即鮭魚）撒上魚子醬、中式點心淋上松露油、義大利貓耳朵拌紅燒羊肉番茄等。對於這些不斷推出的新菜，蘭苑的顧客充滿好奇，品嚐後會給我回饋與意見，讓我很有成就感。

貫徹信念建立採購機制，只選最新鮮的好食材

在我成長的年代家裡沒有冰箱，母親幾乎天天上市場買菜，至於禽畜的肉類都是當天屠宰的溫體肉，魚市場還經常看到活魚出售。成為廚師之後，我覺得新鮮是採購的基本門檻，沒有新鮮一切免談。

我重視食材的新鮮度，隨著蘭苑規模的擴大，需要採購的數量大增，無論是我去買或由廠商送來店裡，我都要親自看過，新鮮始終是我檢核的第一標準。除

了蝦子，我不接受冷凍的水產，尤其是魚，雖然可以大大節省成本，但那不是我要的東西。

我對質量的管控原則是盡量採用當地、當季的生鮮食材；為了確保品質與貨源都穩定，我還會跟在地小農溝通，如果彼此理念契合，我願意收購對方的作物，所以我買到的蔬果都會長到足夠成熟，且不必擔心用藥問題。

一九九〇年代加州掀起在地採購的風潮，這與原本就喜歡新鮮食材的我很符合。我決定為蘭苑餐廳建立採購機制，貫徹自己的信念，只選購最新鮮最好的食材。

蔬菜方面，每週我會從當地農家收到兩批現摘的有機蔬菜，我把這些高檔菜蔬用在製作沙拉。此外，我維持每週兩天和衣信上批發市場採買食材的習慣，我喜歡看到作物，親自挑選。

肉品方面，我找到固定合作的肉品公司，穩定供應高品質的雞、豬、牛，各部位的肉品與肉骨不虞匱乏；至於羊肉很怕腥羶，我尋覓到養羊的小農，可以取得價格偏高但沒有羊騷味的小羊肉，品質好得不亞於蒙古羊。

我認同「好吃也要健康」，因此除了不用味精、調味清淡之外，我會一併考量營養均衡。因為有季節這項變因，配菜不可能一成不變，我就善用變化來創造新鮮感，讓主菜不單調。例如澱粉菜，有時我會做芋頭球，或提供珍珠大麥（Pearl barley，洋薏米）、波倫塔（Polenta，義大利玉米糕）。基本上，我很少將食物油炸，添加的油、鹽、糖也很少。

請顧客穿西裝入場，酒類銷售拿下費城季軍

獲獎與報導對蘭苑的口碑有幫助，但對我的心情幫助更大。我找到自信後更加享受做菜，也不再覺得自己辛苦。有人用「一飛衝天」來形容我，其實我覺得

自己更像植物種子歷經寒冬蟄伏，進入春天開始萌發，這股生命力帶給我希望。

衣信也厚積薄發，此時距離校長過世已六年，這些年他持續自學精進，等到蘭苑開張之際，他對酒類的瞭解與掌握已相當純熟。我們一起讓蘭苑成為佳餚與美酒相得益彰的餐廳，蘭苑能不斷進步並愈來愈高級，他是關鍵推手。

就在蘭苑頻頻得獎後，我們夫妻因意見分歧而大吵一架，當時大約是一九九〇年。長年以來，我們希望讓顧客賓至如歸，營造舒服自在的用餐環境，但衣信想做一番調整，他要請顧客改穿西裝來用餐。我覺得根本不可行：「誰會規定吃中餐要穿西裝？客人哪裡會願意？」但他非常堅持。

在此之前，衣信先讓所有侍者穿上筆挺的黑色制服，等顧客察覺到與以往不同時，再給予提醒：蘭苑希望來用餐的朋友也穿西裝，一起讓餐廳變得更高檔而講究。在他堅持推動下，配合的客人愈來愈多，消費者口耳相傳漸漸形成風氣。這項禮儀要求讓蘭苑餐廳邁向高級化，報章雜誌佳評如潮，讓我不得不承認，衣信在這方面比我有遠見。

食物和酒類必然相輔相成嗎？其實未必，品質與搭配是兩大關鍵，品質好壞無需多言，搭配卻是大學問，配得好可相得益彰，配不好則相互干擾。味精會影響味蕾，讓舌頭吃不出菜的好壞，也品不出酒是否香醇。蘭苑的菜絕不放味精，對舌頭沒有干擾，很適合佳餚配美酒，加上用餐環境愈來愈好，客人往往很願意放鬆品嚐一杯，漸漸地，愈來愈多客人吃菜叫酒。

在賓州，酒類由州政府官賣，不免受到限制，我們固定每隔兩週前往紐約一趟，為餐廳採購一些法國美酒。在衣信的努力下，他的酒單擴增為六十多種，顧客無須購買整瓶，吧台開放點單杯酒，用餐時間供應多達十五種酒，可選擇某種酒只喝一杯。整瓶酒的售價大約四十至五十美元，一杯酒大約十至十二美元。自從開放點單杯酒之後，蘭苑在費城的賣酒餐廳裡，銷售額排名第三，僅次於做法國料理的勒貝克芬餐廳（Le Bec-Fin）和連鎖集團的四季酒店（Four Season

Hotel）。

參加費城沙拉大賽，蘭苑拿下第一

一九九四年費城市政府舉辦沙拉大賽，當地大餐廳幾乎都報名了，我原本不想參加，因為蘭苑是中餐廳，而中國菜沙拉較少。主辦人員不斷游說我共襄盛舉，我於是轉念：「姑且將冷盤想成沙拉吧！」

等我抵達會場，才知道這是場盛大活動，有二十家費城知名餐廳出賽，且慎重其事，均出動七、八位廚房人員，蘭苑只由我與衣信兩人代表，陣容最小。比賽規則要求每家餐廳準備十二盤沙拉，由十二位評審打分數。我們沒想到活動這麼隆重，但也不願意帶廚房人員來，增加他們已經夠長、夠累的工作時間。

我事先構想過，要做「煙燻乳鴿配馬蹄沙拉」。我用米、糖、茶葉、麵粉去熱燻乳鴿，一大鍋每次只能燻五隻，且五至七分鐘一定要拿出，熟度與嫩度才會恰到好處。比賽當天，我設定的煙燻乳鴿是每份半隻，燻好後直接去骨。馬蹄沙拉以新鮮荸薺製作，荸薺的外型因像馬蹄而得名，有「地下水梨」之稱，吃起來脆脆甜甜的；我把它煮熟再以橄欖油與巴薩米克醋調味，撒上柑曼怡香甜酒浸泡的枸杞，吃起來清爽解膩。煙燻乳鴿後來成為蘭苑的主菜，受到許多顧客喜愛；馬蹄沙拉也很暢銷，與蓮藕沙拉齊名。

當我們完成時，鄰桌老闆過來寒暄：「Susanna，我覺得冠軍一定是妳！」我直說不可能，現場高手如雲，而中國菜根本少有沙拉。

孰料評審公布結果，蘭苑果真拿下第一名，優勝獎勵是去羅伯特．蒙大維酒莊（Robert Mondavi Winery）進行四天三夜的葡萄酒莊園之旅，還能與電視名廚茱莉亞．柴爾德一同參加羅伯特與瑪格莉特．蒙大維（Robert and Margrit Mondavi）夫婦在莊園舉辦的隆重晚宴。

開啟與蒙大維的緣分，結識茱莉亞・柴爾德

這次得獎讓我結識了羅伯特・傑拉德・蒙大維（一九一三～二〇〇八），一九九九年蒙大維推薦我為全美國六位烹飪卓越獎得主，二〇〇〇年衣信與我在蘭苑舉辦入行二十週年感恩晚宴，蒙大維更受邀擔任晚宴主持人。認識蒙大維對衣信而言別具深義，他愛酒，很渴望有人可以對話、分享與討論，蒙大維是酒中專家，他倆因為酒而變成好友。

至於茱莉亞・柴爾德，一九六七年我剛到美國留學，住在匹茲堡大學的宿舍中，第一次收看電視節目就是她主持的。峰迴路轉，電視名人出現在我面前，這是人生很大的驚喜。我與她的緣分不僅止於這場晚宴，一九九五年我出版食譜，受邀去她位在波士頓的家作客。她告訴我，她曾和外交官丈夫到法國而學會法國菜，後來又住在北京而愛上中國北方麵食，這段人生經歷很快為我們拉近距離，

1999 年獲烹飪卓越獎

與茱莉亞・柴爾德結緣，是人生很大的驚喜

我們有了更多深入的話題。

茱莉亞・柴爾德邀請我上她的電視節目分享做菜。這次經歷後，有人問我有沒有興趣做烹飪節目，我覺得自己並不合適，因為進攝影棚會緊張，加上我不聰明，邊聊天邊做菜，一心多用容易出錯，於是笑著婉拒對方：「我比較適合待在廚房裡專心做菜。」

一九九六年，茱莉亞到費城參加埃科菲女士（Les Dames d'Escoffier）國際會議，換我當東道主宴請她，同時邀請出生在法國的美國名廚雅客・貝潘（Jacques Pepin）、安・瑪麗亞（Ann Maria）和英國電視名廚葛拉漢・克爾（Graham Kerr）等人一起到蘭苑用餐，我親自下廚做了排翅、脆皮鴿、松鼠石

與各國名廚餐聚：茱莉亞・柴爾德（前）、雅客・貝潘（左一）、安・瑪麗亞（右二）和葛拉漢・克爾（右）

斑等多道傳統中國菜來招待她，是一次很愉快的餐聚。

茱莉亞・柴爾德之於美國餐飲文化有特殊貢獻。在她崛起之前，美國已開始強大且富有，但美國人還在學習如何享受；她帶領一群美國主婦邁向美好而有趣的生活，並引入法國菜，促使美國食物更現代化與精緻化，這是了不起的成就。

我常覺得自己何其幸運，一生能遇到這麼多貴人，彷彿有雙手牽引我走向坦途。做沙拉並非我所長，無心插柳志在參加，怎料幸運之神眷顧，讓我拿獎之外還獲得更多機會，結識了照亮未來的貴人們。這些在餐飲界有舉足輕重地位的朋友，與我和衣信因美食美酒而彼此切磋、成為知交，促使我的廚藝更精進。

我愈來愈喜歡做菜，有時連睡覺都會夢到自己在做哪道料理，醒來忍不住進廚房親自做一次，看還能如何改良。這樣的熱忱，令我對餐飲更加喜愛且具有信心，我喜歡這樣子的蘇綏蘭。

應邀出版第一本食譜，華裔作家譚恩美專序推薦

著書立論是分享與傳承的最佳途徑，知名度漸漸打開以後，我也有了這樣的機會。

一九九二年，美國Chapter出版社總編輯魯克斯·馬丁（Rux Martin）來蘭苑用餐兩次後，便當面邀我出書，她豪爽地提出稿費是五萬美元加上每年版稅，令我有點吃驚。當時的物價，租賃蘭苑整棟建築的月租是三千美元，五萬美元的

稿費是一筆不少的錢。我告訴魯克斯，我沒出版過食譜，但長期有寫食譜的習慣，如果她覺得我合適，我很願意接受挑戰，把自己的廚藝與想法分享給讀者。

我坦白告訴魯克斯，英語並非我的母語，我擔心自己的英文不夠好，遣詞用字會不會產生誤差。她承諾會請紐約一位熟悉中國菜作家幫忙修改與潤飾。等我開始與這位作家接觸，發現她自行加上對中國菜的意見，我覺得無法和她繼續合作。正好赫米．克蘭斯多夫來蘭苑吃飯，她就是當年校長請來教我做高湯的老師。赫米情義相挺，她精通電腦，主動替我潤飾文稿並親自試菜，用最嚴謹的態度幫我確認食譜的食材分量、製作步驟與烹飪時間，以保證確切無誤。從撰寫到出版花了兩年半，赫米是這本食譜的最大功臣，當之無愧。

我覺得寫書真是一件大工程，耗時漫長且極費心力。既然答應出書我便力求做好，一道一道菜慢慢寫，有靈感的優先，隨後再統整分類。我習慣晨起寫稿，就不會影響正常作息。我平時就有寫下餐館食譜的習慣，有現成手稿可參考，但餐廳廚房與家庭廚房有別，要變成家庭食譜需做不少調整，好比分量、火候與時間。我還思考，以往美國人只知廣東菜，我想把一些山西家鄉菜寫進去，同時註解傳統常用的香料如八角、茴香、花椒，以及中國新鮮食材如蓮藕、馬蹄、芋頭，和一些基本做菜原則。

當我完成初稿，魯克斯要求我前往位在佛蒙特州的出版社總部，以兩週時間撰寫序文與故事。這是出版社給予的建議，認為有故事才吸引人，更能幫助讀者認識我。緊接著進行編務階段，專業編輯接手潤飾、編排與校對；與此同時，赫米開始試做食譜上的每道菜，攝影團隊也加入工作行列。

在我寫書期間，一九九四年初，華裔女作家譚恩美（Amy Tan）到費城圖書館演講，談她的第一本成名作《喜福會》（*Joy Luck Club*）。館方代表來蘭苑預訂桌席，促成我們的第一次見面。

譚恩美五點抵達，當時蘭苑裡只有另一桌客人，是無人不曉的大人物——滾石樂團（The Rolling Stone）的主唱米克・傑格（Mick Jagger）。等她用餐完畢，赴費城圖書館演講時，館方安排我先上台介紹她，而她上台的開場白是：「我剛剛在最好的中國餐館享受了有生以來最好吃的一餐，非常愉快！」

一九九四年底，我的食譜即將完稿時，譚恩美為這本新書寫了一篇非常重要的序。在序中，她提到個人的飲食經驗，對她而言，中菜不只是五官的饗宴，更是和家人感情的聯繫，是她人生當中美好而重要的回憶。

譚恩美的這番話句句貼近我心，從此我們成為好朋友，她每出一本書就會寄給我，如果來費城，我們必約見面。

美國廚師人手一本，榮獲國際食譜獎

一九九五年食譜正式出版：*Susanna Foo Chinese Cuisine: The Fabulous*

第一本著作榮獲國際食譜獎

Flavors and Innovative Recipes of North America's Finest Chinese Cook，翻譯為中文就是《傅蘇綏蘭的中國菜：北美最佳中國廚師的美妙風味與創意食譜》。新書需要被大眾認識，公關麗莎．埃庫斯（Lisa Ekus）帶我走遍美國各大洲的主要城市進行宣傳，這是很難得的經驗，也是我到美國之後第一次進行如此遙遠的行程，當我到各地宣傳時，可順道看看不同城市的樣貌。

為了幫助我在宣傳時有好表現，行前麗莎邀請我去她家做訓練，我非常感激她的認真。這時我才曉得，麗莎是編輯團隊裡最早到蘭苑用餐的「發現者」，因為對我做的菜印象深刻，於是向魯克斯推薦，認為出版社可以邀我出書，後來果真如願，出版社又請她擔任我的公關。我們都覺得彼此非常有緣。

一九九六年，這本書獲得詹姆斯．比爾德基金會獎的「國際食譜獎」，這是

1997 年榮獲最佳主廚獎

詹姆斯．比爾德基金會獎有「烹飪界奧斯卡」之稱

極大的榮耀，為書的品質與影響力做了最佳見證。截至目前為止，這本食譜賣出七萬五千本，已是第五刷，據說美國廚師幾乎人手一本，相關評論也散見於美國各大報，我至今仍會定期收到版稅。

詹姆斯．比爾德基金會獎已有百餘年歷史，每年會頒發獎項表彰美國傑出的廚師、餐廳、作家與記者。這些獎項由六百多位知名烹飪專業人士投票產生，其地位與做法就像奧斯卡金像獎，事先公布入圍名單，並寄邀請函請入圍者蒞臨盛會，舉辦當天現場公布結果，獲獎者須上台領獎，這是餐飲界的極致殊榮。我很幸運，一九九六年拿到國際食譜獎，一九九七年又拿到最佳主廚獎，連續兩年上台領獎。

蘭苑原本是費城的知名餐廳，當地人大都聽過；經過詹姆斯．比爾德基金會獎這個全國性的獎項，餐廳與我漸漸有了全國知名度。許多人到費城出差或旅行就專程來蘭苑朝聖，吃吃看這裡的中國菜，常有客人主動告知我們，他從何處遠道而來，這令我們備感榮幸。

能夠出版這本食譜，我感到幸運至極，感謝總編輯魯克斯．馬丁全力投入時間與心力，促成本書的完成；赫米．克蘭斯多夫的友情支持，讓本書臻至完善；還有譚恩美，她為本書寫了出色感人的序文。最後，感謝多位餐飲界的評審，讓我獲得詹姆斯．比爾德基金會獎的鼓勵。

我將人生出版的第一本食譜獻給「校長」雅各布．羅森塔爾，若非他的提攜和教導，我不會有今天。這本書，是我向世界道出我對校長的感激，他，改變了我的一生。

好萊塢明星常蒞臨，給予尊重不打擾

一九九四年譚恩美第一次蒞臨蘭苑餐廳時，可愛的她悄悄問我：「那一位，是我們都知道的那一位嗎？」

與她同時在蘭苑用餐的「那一位」是滾石樂團的主唱米克．傑格，以及女明星潔芮．霍爾（Jerry Hall）。米克．傑格每次來費城舉行演唱會，都會來蘭苑用餐，儘管他很和氣但我們從不去打擾他，我告訴員工，名人也需要隱私與放鬆，走進蘭苑，我們要為他們維護這個權益。

米克・傑格來過蘭苑多次，他大都住在四季酒店，有時候酒店會事先幫他打電話來訂位。他來用餐的時間通常比較早，唯有一次特別晚來，餐廳幾近全滿，他禮貌詢問「還有位子嗎？」我們細心招待了他，為他安排僻靜的座位。

一九九二年電影《費城》（Philadelphia）在費城拍攝，隔年上映並拿到奧斯卡最佳男主角獎。拍攝期間，眾明星主演包括湯姆・漢克斯（Tom Hanks）、賈森・羅巴茲（Jason Robards）常常來蘭苑用餐，從他們走進餐廳那一刻，我們就像招待老顧客一樣為他們帶位，盡可能往干擾較少的區域引導，互動時自在寒暄，但不做過多的打擾。

我們還有一個習慣，訂位和互動時不會將明星的姓名說出來，更不會要求拍照，除非對方主動詢問要不要合照。還記得世界三大男高音之一的帕華洛帝（Luciano Pavarotti）來用餐時，熱情大方的他表示很高興吃到如此美味的中國菜，主動招呼我與衣信合影，逗得我們比他還要高興。

世界三大男高音之一帕華洛帝來蘭苑用餐，主動與我們合影

除了蘭苑提供的佳餚與美酒，工作人員面對明星時的泰然自若，給予尊重並提供適度的空間，盡全力維護他們的隱私權，我想，這些善意都是吸引大人物經常蒞臨的主因。

我要特別讚美蘭苑的顧客，個個都是優雅而自制的淑女與紳士，即使發現自己與滾石主唱、電影明星、世界級聲樂家、知名作家或政治人物同在蘭苑用餐，並不會尖叫、跑去索取簽名或要求合照，這一點，令衣信與我感到訝異且欣慰。

買下蘭苑建築物，重新裝修展現餐廳美學

市區湖南餐廳從一開張，裝潢設計就頗具品味，像一位做好造型、打扮得體的姑娘，美美的踏入社會；而蘭苑最初沒錢裝潢，只稍加整理就開張了，等後來賺錢了才整修，就像個素顏見人的姑娘，工作賺錢才慢慢治裝打扮，一步步變美。

常有蘭苑的老顧客忍不住表達意見：「您們的菜是一流的，但建築太破舊，有機會請整修一下餐廳吧！」各種明示、暗示都在好心提醒我們，趕緊把蘭苑修一修吧！

蘭苑的屋主是個好房東，一九八七年和我們一口氣簽下十年合約，之後從不囉嗦。一九九五至一九九六年間，在合約最後尾聲，他告訴我們想要賣屋，並願意優先賣給我們。

隨著生意蒸蒸日上，一九九六年我們以八十萬美元買下蘭苑所在的整棟樓，並向銀行貸款，決定好好整修一番。我們請室內設計師瑪格麗特・羅傑斯（Marguerite Rodgers）負責蘭苑的設計與裝修，她承諾以全副心力來打造，結果不負所望，她做得棒極了！

瑪格麗特用心研究中國的傳統文化與特色，在空間設計上，將許多中國元素融合其中；她使用鏡子與燈營造氣氛，充滿古典氣息的透光鏡與中式燈籠，讓人一走進蘭苑就感受到中國味。

當年沒有符合她想要的現成家飾，於是商請費城當地藝術家製作了六扇六尺的仿古花鳥繪畫透光鏡，掛在正廳兩側的白牆上；另外，參考電影《大紅燈籠高高掛》的意象，從蘭苑屋頂垂掛十二只燈籠，並特地規劃了一間十二人座的仿古包廂，取名為「鴉片書齋」，其命名靈感來自蘭苑的老顧客非常多，應該是這裡的菜吃了會上癮。

那一年，瑪格麗特全心全意只做蘭苑這個案子，並以此為個人代表作，後來一舉成名天下知。我尊重並欣賞她的創意，當她表示想做高質感的設計，需要較多預算時，我們都同意。整修費用達到一百萬美元，超過建築物的價值，我們仍認為這是非常值得的投資。經瑪格麗特的精心設計與布置，蘭苑看起來宛如摩登高貴又古意盎然的大宅客廳，衣信與我都覺得，她幫助我們將夢想中的高級中國餐館實現了。

瑪格麗特的設計，讓蘭苑成為費城商業街景中最獨特的一顆珍珠，餐廳內的美學風格吸引大批雜誌媒體前來報導，不僅美食雜誌關注我們，連居家布置類、裝潢設計類的雜誌也來拍攝，我們都盡可能給予協助以廣結善緣，曾登上《麥奎爾》（*McGuire*）和《室內》（*Interior*）等雜誌的版面。有雜誌形容：「這個空間宛如優雅且現代化的中國家庭」、「這就是中國人舒服的家吧！」老顧客也很滿意：「蘭苑的裝潢和菜餚一樣有特色。」

蘭苑餐廳的設計將代表中國意象的元素完美展現

話說蘭苑整修期間並未暫停營業，我們採取分層整修，先修二樓再修一樓。原本餐廳只有一樓的一百個座位，整修後，座位區被延伸了，一、二樓加起來有三百多個座位，平日一樓做餐廳，二樓辦派對或宴會，至於假日，餐廳帶客會往二樓延伸，兩個樓層經常座無虛席。我記得生意最好時，每星期約可做到十七萬美元的營業額，當時每位顧客的消費，菜餚連水酒平均約五、六十美元，大家餐後幾乎都會叫份甜點，因此蘭苑光是甜點師傅就聘請了六位，還帶著多位廚藝學校學生忙個不停。

整修之後，蘭苑變得更知名，慕名而來的顧客絡繹不絕，成為眾多商務客、觀光客到費城必訪的餐廳，當地人也很喜歡這裡。

我們非常感謝設計師瑪格麗特，她為了蘭苑而專注研究中國藝術，成功將代表中國意象的元素展現出來，完善了蘭苑餐廳的中國美學。在設計過這麼一間美侖美奐的中國餐館後，她現在是非常成功的室內設計師。

登上美國廚藝學院講台，為畢業生演講

一九九六年六月，美國廚藝學院的校長弗雷德里克・梅斯（Fredinand Metz），邀請我在畢業典禮上對學生演講。

美國廚藝學院視我為傑出校友，能被母校肯定而受邀，是我畢生榮耀。深感榮幸的同時，我也不免緊張，因此特地請了一位專家為我特訓一個多月，學習演講時語調該如何抑揚頓挫。我對此事鄭重以對，甚至比我上台領獎、上電視錄節目更認真。

美國廚藝學院給了我改變一生的訓練，這裡是我進入廚藝世界的起點，更是專業的殿堂。我抱持著回饋母校的心上台致詞，心情是慎重且虔敬的。

該校畢業生有大學四年制與專業二年制（相當於台灣的科大與二專）。我很樂意跟後學傳達自己對廚藝的熱愛，以及從家庭主婦進入業界成為廚師的心境，

與美國廚藝學院第二任校長弗雷德里克．梅斯（左）合影

1996 年得到美國廚藝學院
Ambassador 獎

並分析美國廚藝學院對於我的影響。我很希望勉勵後學，在成為一位好廚師、好職人之前，要先愛上自己從事的工作。以我為例，我是在愛上做菜之後才成為好廚師的，是這份熱情支持我不斷前進，終於有資格站在這裡和大家分享我的經驗與想法。

演講結束後，弗雷德里克陪我與衣信參觀學校，舊地重遊，百感交集，因為從學生變成貴賓，心境大有不同，感慨之餘，更加思念起十年前「校長」雅各布．羅森塔爾送我來此地學習的情景，腦海中仍清晰憶起一九八〇年他興奮描述選擇繼任校長弗雷德里克．梅斯的樣子。造化弄人，原本不相識的弗雷德里克與我終於相逢，但我們之間的關係人「校長」卻去天堂了。

我告訴弗雷德里克：「我今日的成就要歸功於校長雅各布．羅森塔爾的栽培，如果沒有遇見他，不會有後來的蘭苑。」

我好希望校長可以看見我的成就，跟我說一聲：「Susanna，做得好！」

尋找專業人士一起加入，增添生力軍

蘭苑剛開張時，廚房除了我還另聘了五人，外場除了衣信還僱用四人，這些人手都是市區湖南餐廳的老員工，換言之，最初我們就是一個十一人團隊。我印象很深刻，有個叫做阿秋的員工是越南難民，會講國語但不會說英語，他來應徵侍者，邊做事邊向我學英語，他非常珍惜這份工作，投入程度令人動容。

我深知蘭苑已經壯大，也期許不斷提升，從前一直由我設計菜單，如今最好邀請知名餐廳的優秀廚師來增廣菜色；我必須吸引更多有能力、有想法的人一起打拚，所以我特地聘僱傑出的廚師加入。

在全盛時期，蘭苑共聘僱了六十名員工，廚房裡有三十幾人，外場需要二十幾人，內外場比例約為六比四。廚房幫手不全來自東南亞，也包括多位美國人。

在一個偶然機會裡，我認識了全國知名的查理特羅特餐廳（Charlie Trotter's）

的副主廚比爾．金（Bill Kim），便力邀他加入蘭苑擔任副主廚。與比爾共事是一件很愉快的事，他不僅會研發新菜，還能協助我管理其他廚師，要求大家把品質提升起來。

我請到四季酒店的前台服務經理麥克．多姆科斯基（Mike Domkoski）加入，負責訓練與管理前台服務人員，這樣衣信就能專心管理吧台與帳務。麥克的經驗極為豐富，我很放心把侍者排班、點菜、收拾餐盤等人力交給他訓練與安排，他與我們共事七年，直到自行創業才離開。

後來，我請勒貝克芬餐廳的前台副總經理班．強生（Ben Johnson）來接掌前台經理。班因長期受法國訓練，做事非常嚴謹，無論安排與帶位、送菜與收盤，他都嚴格要求：務必從右邊上菜、從左邊收拾；服務人員需先替女士拉椅子協助就座，再服務男士；訓練侍者詢問顧客，先問要礦泉水或氣泡水，再問要不要飲酒。這一切被執行得井然有序，蘭苑的服務品質受到交口讚譽。

我聘請一位專案企劃專司宴會與派對的接洽，這位員工是美國在地年輕人，工作表現相當不錯，常有醫院、藥廠或大企業來跟蘭苑租借二樓舉辦活動，由我們負責提供場地和餐點，蘭苑成為費城人氣極旺的餐廳。

蘭苑不限用餐時間，從不會趕客人離開，如果因此導致翻桌困難，讓客人久等，坐下來之後，我們會送杯酒致歉。又好比當客人覺得不喜歡所點的菜，或覺得口味太辣，我們會無條件立刻更換，絕不讓客人不開心。

此外，我開始聘僱美國廚藝學院的畢業生加入廚房與外場，讓科班的、受過正規教育的年輕人有機會加入蘭苑，無形也替中國菜增添生力軍。

這些做法為蘭苑帶來轉變。

專業經理加入後，所有人員都獲得提升，蘭苑的服務品質變得更好、餐館裝修得美輪美奐，這些對顧客而言都是加分，連員工的心也會向著我們。

堅持品質，在世界美食餐廳占一席之地

後來，工會組織的倡議者，兩度來游說前台與廚房員工，告訴他們蘭苑餐廳規模夠大，應該組織工會。這件事讓我想起當初亞瑟牛排館的老闆不想繼續經營，就和工會有關係，因此我和衣信覺得此事應該被重視，畢竟早期有許多商店或餐廳因員工組織工會後就開不下去，當年費城有三間大餐廳就是這樣垮掉的。

思考後，我們決定聘請律師來幫員工說明，由客觀第三者為他們分析參加工會的利與弊，讓員工真正理解後再做選擇；前台服務經理麥克也全力與律師合作，為員工講解加入工會的得與失。幸運地，工會的兩度游說都宣告失敗，蘭苑員工不太願意理睬他們。

我一共換過四位副主廚，無論誰離開都不允許影響廚房，無論誰坐鎮也從不放鬆心態。我嚴格要求品質，醬汁味道稍有不對，必定要求整批重做。我深信，

品質是堅持而來的。

這些堅持帶來的果實格外甜美。

一九九七年詹姆斯・比爾德基金會將蘭苑選為美國東部最好的餐廳。之後陸續出現更多好評，例如《美食雜誌》、《紐約時報》和《食藝雜誌》等。同年，蘭苑又獲得《國家餐廳新聞》（*National Restaurant News*）的「高級餐廳名人堂獎」。

一九九八年《紐約時報雜誌》（*The New York Times Magazine*）封面的專題報導是「蘭苑之於美食界的重要性」，肯定蘭苑在世界美食餐廳占有一席之地。

從一九九八至二〇〇五，蘭苑年年得到《福布斯旅行指南》（*Mobil Travel Guide*）的四星級獎。

得獎愈多，生意愈好，蘭苑一、二樓的空間在週末假日裡高朋滿座，衣信與我當然開懷。但我想起父親的教誨：「不要因成功而驕傲自滿，因為一山總比一山高。」他總是告誡我應保持謙虛，致力建立良好名聲，要經得起時間考驗。所以，我總是小心翼翼做好廚房管理，有空檔就到外場問問顧客的意見，且絕不為了省錢而使用品質較差的食材，更不會自以為是地認為客人吃不出好壞。

我用嚴謹的態度為員工示範餐廳經營是點點滴滴品質堅持的累積，我發現，做給他們看的效果勝過千言萬語。

入行經營二十週年，舉辦感恩餐宴致謝忱

衣信與我選在二〇〇〇年十月二十二日，於蘭苑舉辦「二十週年感恩餐宴」。二十年的光陰，是從一九八一年我們獨力經營市區湖南餐廳開始算起；這些年來，幫助過我們的貴人非常多，如今蘭苑經營已上軌道，我們終於有能力好好辦一場宴席，向大家道出內心的感激。

羅伯特與瑪格莉特．蒙大維夫婦主持蘭苑二十週年盛宴

我用辦喜事的心情來籌畫這場餐宴，花了一個多月的時間布置設計。與廚師訂下菜單與酒單是最快達成的大事，我們更親自去中國城預約舞龍舞獅團。在美國，每逢中國農曆新年，這個團體會主動到餐廳或門市舞龍舞獅，替店家博個好彩頭，中國老闆通常會給紅包，美國老闆覺得熱鬧也不會介意不請自來。

感恩餐宴在週日的傍晚舉

行，從餐巾設計到餐宴菜單都極為用心，我們共請了一百位嘉賓，將蘭苑一樓坐滿，費城市長也蒞臨現場祝賀。當天下午五點鐘舞龍舞獅熱鬧開場，同時燃放炮竹；五點半準時上餐前小菜，提供六道開胃小點，賓客可以閒聊、交朋友；七點鐘酒席正式上菜，當晚共提供五道精緻主菜。

蒙大維酒莊的主人，羅伯特與瑪格莉特．蒙大維夫婦不僅聯袂出席，羅伯特更答應擔任餐宴的主持人，幽默風趣的他讓盛宴氣氛愉快，他還帶了他的自傳當禮物，送給當天到場的賓客們。

二十週年感恩餐宴的這一晚，應該是我們人生的高峰，也是蘭苑最榮耀的時刻——衣信與我來到美國，原本都不是餐飲業出身，卻憑藉著努力把夢寐以求的中餐廳經營起來，還結交到這麼多知心好友，我們的人生是豐碩的，謹藉由這場感恩宴席向諸多貴人致意：「謝謝您們一直以來的支持！」

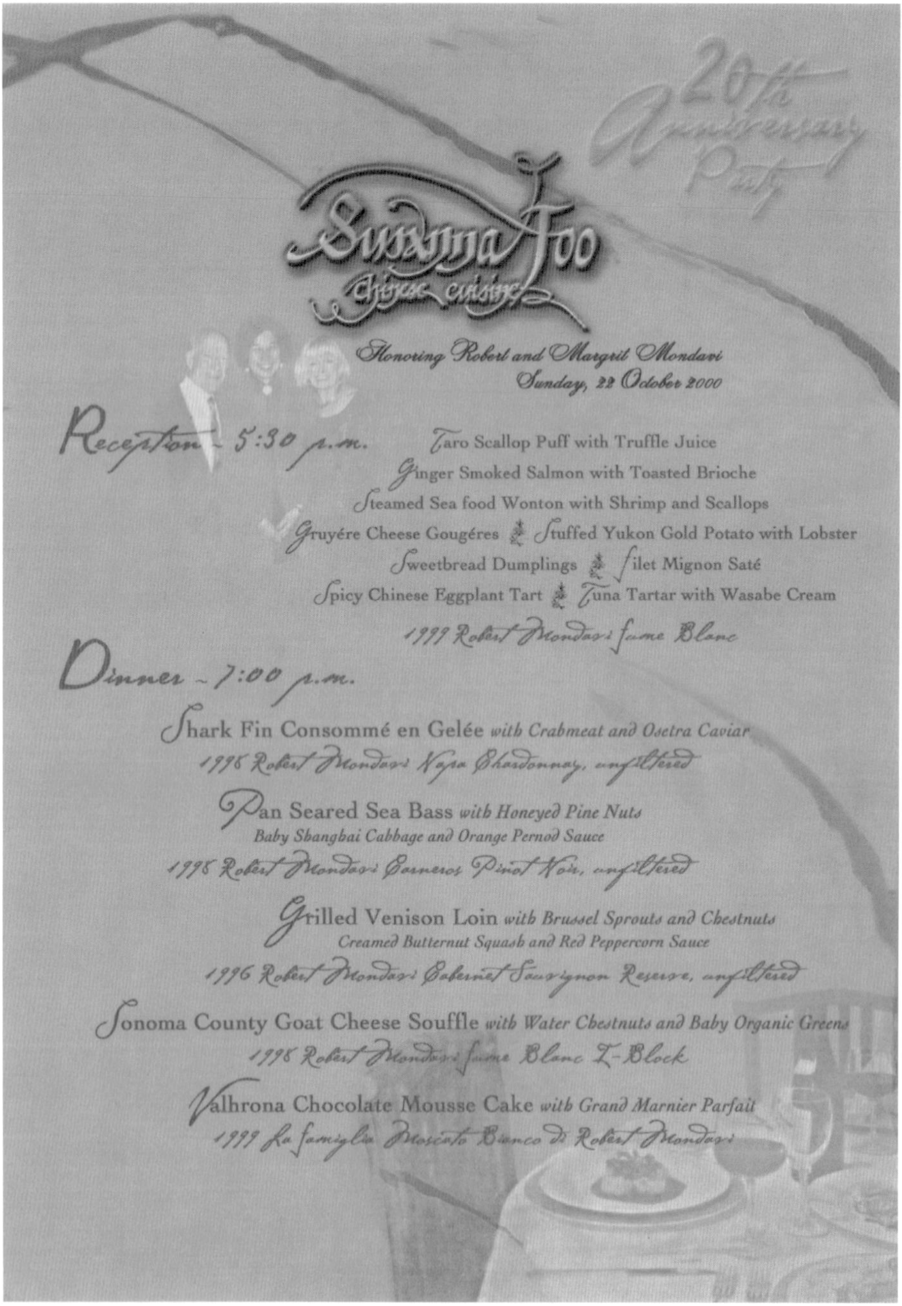
20th Anniversary Party

Susanna Foo
Chinese cuisine

Honoring Robert and Margrit Mondavi
Sunday, 22 October 2000

Reception ~ 5:30 p.m.

Taro Scallop Puff with Truffle Juice
Ginger Smoked Salmon with Toasted Brioche
Steamed Sea food Wonton with Shrimp and Scallops
Gruyére Cheese Gougéres · Stuffed Yukon Gold Potato with Lobster
Sweetbread Dumplings · Filet Mignon Saté
Spicy Chinese Eggplant Tart · Tuna Tartar with Wasabe Cream
1999 Robert Mondavi Fumé Blanc

Dinner ~ 7:00 p.m.

Shark Fin Consommé en Gelée *with Crabmeat and Osetra Caviar*
1996 Robert Mondavi Napa Chardonnay, unfiltered

Pan Seared Sea Bass *with Honeyed Pine Nuts*
Baby Shanghai Cabbage and Orange Pernod Sauce
1998 Robert Mondavi Carneros Pinot Noir, unfiltered

Grilled Venison Loin *with Brussel Sprouts and Chestnuts*
Creamed Butternut Squash and Red Peppercorn Sauce
1996 Robert Mondavi Cabernet Sauvignon Reserve, unfiltered

Sonoma County Goat Cheese Souffle *with Water Chestnuts and Baby Organic Greens*
1998 Robert Mondavi Fumé Blanc I-Block

Valhrona Chocolate Mousse Cake *with Grand Marnier Parfait*
1999 La Famiglia Moscato Bianco di Robert Mondavi

二十週年感恩餐宴菜單

餐前小菜（下午五點半）

1. 芋頭扇貝泡芙佐松露醬
2. 薑燻鮭魚佐烤奶油蛋捲
3. 鮮蝦扇貝海鮮餛飩
4. 葛瑞爾法式乳酪泡芙、鑲育空黃金馬鈴薯龍蝦
5. 牛犢胸腺餃、菲力牛排沙嗲
6. 辣茄子、韃靼鮪魚塔佐芥末奶油

· 蒙大維酒莊白芙美白酒

主菜（下午七點鐘）

1. 魚翅清湯佐蟹肉與魚子醬
   · 蒙大維酒莊那帕谷夏多內白酒
2. 香煎鱸魚佐蜜松子、青江菜與柳橙綠茴香醬
   · 蒙大維酒莊卡奈羅黑皮諾紅酒
3. 烤鹿腰肉配球芽甘藍和栗子、奶油胡桃南瓜與紅辣椒醬
   · 蒙大維酒莊卡本內蘇維濃紅酒
4. 索諾瑪縣山羊起司蛋奶酥配荸薺和嬰兒有機蔬菜
   · 蒙大維酒莊T-Block白芙美白酒
5. 法芙娜巧克力慕斯蛋糕配格蘭馬尼耶冰沙
   · 蒙大維酒莊莫斯卡托（白麝香）白酒

在大西洋城開設綏蘭餐廳，登上事業最高峰

二○○二年初，紐澤西州的大西洋城要蓋一間波哥大賭場（Borgata Casino），這間賭場酒店房間數逼近兩千，六間非常高級的餐廳且設有水療，是大西洋城有史以來最豪華的賭場，規模盛極一時。

波哥大的執行長鮑勃．鮑格納（Bob Boughner）與重要幕僚一起到蘭苑用了兩次餐，然後正式提出邀請，希望我跟波哥大合作開業。當時蘭苑生意興隆，我每天忙進忙出，無心接觸這類邀請，因此由衣信接待他們。

我本以為他會婉拒對方，推杯換盞後，為這個邀約畫上句點。結果我猜錯了，我睿智的丈夫發現對方頗具誠意，而這很可能是我事業上的另一重機會。

衣信告訴我，波哥大賭場欣賞我的廚藝與創意，願意投資六百萬美元來打造一家中餐廳，而我無須出資，只要同意主持，新餐廳便以我之名「綏蘭」為中文

店名，英文則叫做「Sui Lan」，並分享收益的百分之八做為我的利潤。

衣信認為，波哥大提出的條件非常禮遇，走的是高消費路線，我們應該把握機會。何況蘭苑的風格已大致底定，制度建立且規範行之有年，他可以和專業經理人一起坐鎮，而我不該被侷限，應該去嘗試更困難的挑戰。在衣信的鼓勵下，我同意與波哥大合作，開始為「綏蘭」做籌畫。

二〇〇三年七月四日，美國人慶祝獨立紀念日的當天，座落在大西洋城最豪華賭場裡的中餐廳「綏蘭」也盛大開幕，從此賓客如雲、川流不息，許多ＶＩＰ客人來自紐約、費城、華盛頓等大城市。

綏蘭餐廳一如波哥大所期望，走的是高級路線，在規劃菜單之前，我們針對客群做了研究。

根據當時統計，賭場有百分之十三至十五的收入來自亞洲人，尤其是來自中國客人。綏蘭餐廳約三成的ＶＩＰ為中國人，為迎合這群貴客的口味，餐廳菜單推出魚翅、海參、鮑魚等頂級食材料理，特地請台灣大廚徐正光蒞臨指導魚翅和鮑魚的作法，也邀請亞都飯店天香樓主廚曾秀保駐店一週，為廚師們示範教學江浙菜。

從費城市中心開車前往大西洋城，大約需要一小時，天天往返會非常累，因此平日我在綏蘭餐廳指揮，晚上就住波哥大酒店，假日才返回費城。回大西洋城的時候，就由衣信送我去。他笑稱自己是我的車夫，開車的丈夫；我勸他不必這樣勞累，但他堅持親自送我，然後又馬不停蹄地趕回蘭苑坐鎮。

餐廳開在賭場內，與獨立開在商業區有相當程度的差異。誠如衣信所分析，蘭苑與綏蘭的定位不同，蘭苑顧客的平均消費約五十至六十美元，而綏蘭卻高達八十至一百美元，這還不包括賭場VIP不收費，而最貴的菜餚定價將近五十元。因為售價提高，可以承受成本較高的菜色，這樣的做菜空間確實比蘭苑來得更大。

有別於蘭苑的「現代大宅門中國風」，綏蘭的裝潢走的是「時尚雅致藝術風」，白牆與淺色高級餐桌予人優雅而大器的印象，燈光設計將氣氛烘托得溫暖且敞亮，現場還有許多鮑勃．鮑格納先生親自選購的名畫，餐廳後面則有一排他收集的中國茶壺。這些畫作的色彩是空間的主角，整體比例拿捏得相當好，品味不俗。

綏蘭餐廳共有兩百多個座位，聘僱員工近七十人，規模和蘭苑相差不遠。接任之前，我曾擔心身為兩家餐廳的主廚會忙不過來，但波哥大要我放寬心，可盡量邀請好廚師加入團隊，他們絕不會吝惜薪水，而衣信也承諾會照顧好蘭苑，並要我對自己訓練的子弟兵放心。

二〇〇四年在約翰．馬里亞尼的舉薦下，《君子雜誌》將「綏蘭」選為當年度「全美最佳十大新餐廳」。這個獎項，是我們繼蘭苑之後贏來的事業高峰。

大西洋城綏蘭餐廳裝潢走
「時尚雅致藝術風」

結識日本料理鐵人陳建一，合作經驗愉快

二〇〇四年九月十九日，蘭苑餐廳與費城外銷日本淨化水的公司「通用生態公司」（General Ecology Company）合作，邀請在日本有「料理鐵人」之稱的陳建一名廚到費城做四川酒席，這次席位可款待一百多位客人。消息提前一個月宣布，開放預約當天立刻額滿，用現在的語言就是「秒殺」。

陳建一是出生在東京的華裔日本廚師，在父親的指導下學習做四川菜，並成為四川飯店集團會長。他參加富士電視台的烹飪節目「鐵人料理」而家喻戶曉，更將麻婆豆腐改良成日本人能接受的口味，對推廣中華料理居功厥偉。

陳建一大廚實事求是，他親自帶著辦理宴席需用到的調味料及合作的三位廚師，一同飛抵費城。宴席當天端出香菇魚翅、蔥薑涼拌雞絲、麻婆豆腐、柚香蝦、擔擔麵、乾燒牛肉里肌等六道菜，道道皆是他的成名菜。我觀察他所推出的

邀請「料理鐵人」陳建一名廚到費城做四川酒席

菜餚，每一道擺盤精緻講究，食材鮮美，口味細膩而複雜，比起法國三星級餐廳的招牌菜毫不遜色。我從未想過，原來四川菜能做得如此精緻，調味料的巧妙運用令人驚豔。

兩年後，二〇〇六年我受邀到日本公司四路（Four Road，一間在日本的中國食物專賣店，有四十多家連鎖店）做指導顧問，與陳建一大廚再度見面，很榮幸受他之邀，去他的餐廳享用全套六道精美酒席。這次我細細品嚐那道香菇魚翅，美味堪比美國及法國米其林三星。我對陳建一大廚敬重又佩服，因為有他，將四川菜在日本提升至前所未有的新境界，他不僅是中國人的驕傲，更是料理界的楷模，我想要學習他的影響力。

二〇〇七年我去中國四川旅行一週，在當地菜市場看見各式香料，光是辣椒就有幾十種，例如新鮮青花椒、二荊條、小米辣、美人椒、朝天椒、線椒、小泰椒等，真沒想到四川菜能用的香料種類如此之多，令我大開眼界。這一週，我從餐廳筵席品嚐到市井小吃，麻辣鮮香各有魅力，我在這趟旅行裡體悟到，陳建一大廚的調味口感繁複，實是其來有自。

中國菜是世界三大料理之一，而中國地域遼闊，川菜能被選入四大菜系有其道理。我始終深信中國菜博大精深，應有資格成為全球主流，而在美國尚有努力的空間，我希望可以盡一份力。我很榮幸在二〇〇八年被《今日美國》譽為美國最佳中日餐廚師之一，想到有人因為我而喜歡上中國菜，這對我而言是莫大的鼓勵。

受邀撰寫第二本食譜，順利拿下銀勺獎

二〇〇五年，我出版了第二本食譜：*Susanna Foo Fresh Inspiration: New Approaches to Chinese Cuisine*，翻譯為中文就是《傅蘇綏蘭的創意靈感：中國菜創新料理》。此時，距離我出版第一本著作已經過了十年，餐飲界在生態上有一些轉變。

第二本著作榮獲銀勺獎

這十年裡，美國餐飲生態與趨勢改變不少，加利福尼亞州成為耀眼的新星，「加州美食」是一九九〇年代的新主流。

加州有來自四面八方的移民，造成飲食文化多元，融合了地中海、亞洲、南美洲的美食特色。加州更是得天獨厚，天氣好又土壤肥沃，

盛產水果與青蔬，畜牧養殖也非常發達，走一趟菜市場便能發現頗像南法的露天市場，有當地農民設攤販售自己栽種的蔬菜或水果，而加州的餐廳很早就標榜使用在地新鮮食材，以此訴求為號召。當地出了許多名主廚，例如「慢食之母」愛麗絲．沃特斯（Alice Waters）、開設地標餐廳「星星」（Stars）的傑里米．陶爾（Jeremiah Tower），都喜愛使用在地種植的有機蔬菜。

在加州的所見所聞，帶給我諸多靈感，加上這些年來到各地旅遊，我持續接觸新元素，研發許多新菜色，換言之，我與十年前相比，又累積了很多創意靈感。

二〇〇四年，總編輯魯克斯．馬丁再度向我發出邀請，希望我提筆再寫第二本食譜。她主動將稿費從五萬美元提升為十萬美元，並提議由原班人馬合作。

我欣然同意了出版邀約。既然大家都想複製成功經驗，於是再度商請赫米．克蘭斯多夫為我潤飾文稿，並試做所有的菜餚。

新書於二〇〇五年正式出版，一問世就獲得極佳口碑，其後很榮幸獲得「美食家世界食譜獎」（Gourmand International Cookbook Award）頒授「最佳亞洲食譜獎」。二〇〇六年拿下《食藝雜誌》九月刊「銀勺獎」（Silver Spoon Award）。

這兩本食譜書從定位、特色到目的性都有所不同。

第一本食譜為平裝書，訂價二十美元，開本為B5大小，很好翻閱。主要介紹我的拿手中國菜，也向世人表明為何我喜愛做菜，幾乎可說是將本書當成我的名片，讓大家透過食譜來認識我，並促成讀者看書之後，想嘗試學做中國菜。換言之，這本食譜出版給專業廚師與一般讀者共同閱讀，可以成為他們做中國菜時的指引，拉近他們與中國菜的距離。很多讀者告訴我，他們將食譜帶進廚房，邊看邊做。

第二本食譜為精裝書，定價三十五美元，將B5短邊延伸，變成接近正方形的大開本。食譜的重心放在展現我的廚藝功力，同時灌輸大家新觀念，餐飲界與中國菜都漸漸走向健康訴求，希望透過這本食譜帶動讀者對新鮮食材的關注，並告訴熱愛創意料理的朋友：中國菜也可以精緻而高端，請重新認識中國菜。食譜開本放大後，攝影與印刷質感更精美，這是餐飲專業廚師與美食饕客都會想收藏的版本。

第二本食譜出版後，我們幾乎沒有跑宣傳，銷售自然不容易超越第一本，但好口碑絲毫不遜色，賣得也不錯。波哥大每回舉辦盛大活動，常買書做為送給貴賓的禮物。

至於精采程度，我覺得兩本在伯仲之間。第二本書的問世時間比較不巧，在出版前夕，我的人生發生許多變故，我的雙親接連在二〇〇五和二〇〇六年過世，而且二〇〇六年衣信病倒了，我實在無心也無力像十年前那樣巡迴宣傳。出版社給予我最大體諒，讓這本書走長銷模式。

我將第二本食譜獻給我的父親蘇揚志中將，是他教導我誠實、幹勁，並對食物與生活充滿熱情。

雙親過世、丈夫病倒，懇辭綏蘭餐廳合作案

從一九八七年蘭苑餐廳開張以來，到二〇〇六這年衣信病倒之前，這二十年間，是我們餐廳事業的高峰期。我之所以可以心無旁騖地出國旅行、到處觀摩、開發新菜，是因為孩子長大且丈夫支持，我才可以無畏無懼。

我明瞭世上沒有永遠上山的路況，興與衰從來不是對立的，而是一種無可避免的必然循環。但我沒有想過，物極必反的命運是如此難以承受。

我的父親蘇揚志中將，生於一九一四年，卒於二〇〇五年，享耆壽九十二歲，距離他一九九九年被醫師診斷出阿茲海默症（俗稱老年痴呆症）已過了六

年；他的最後時光並非時時清醒，對我母親的依戀卻始終不減。

我從小認為母親被父親寵壞，凡事都順著她。對於丈夫的離世，我的母親悲慟不已，就在父親走了的隔年，她也撒手人寰。我的母親武佩英，生於一九二一年，卒於二〇〇六年，享壽八十六歲。

父母在世的最後十幾年，我幾乎年年回台灣探望兩老；接到他們去世的噩耗，我的不捨之情超乎悲傷，我知道生命有極限，終究會有這一天的到來。我始終相信，他們會在另一個世界團聚，無病無痛，回到當年在綏遠相識的青春模樣，繼續牽手。

在二〇〇五至二〇〇六兩年間，衣信接連撞毀了四部車。起初，我以為他是過度疲勞以致無法集中注意力，後來發現不對勁，陪他上醫院檢查後，醫師宣布他罹患了「進行性上眼神經核麻痹症」（Progressive supranuclear palsy，簡稱PSP）。這是帕金森氏症的一種，而且是比較罕見而棘手的類型，在美國每一百個帕金森氏症患者，只有二至五個人是ＰＳＰ。

原來當初連續撞車並非精神不濟，而是神經退化，導致眼睛出現障礙且手眼無法協調。ＰＳＰ的惡化速度比其他帕金森氏症來得快，醫學對ＰＳＰ的掌握很薄弱，一如醫師所預言，病程發展得很快。儘管衣信頭腦清楚，肢體卻愈來愈僵硬，很容易摔跤，尤其眼球轉動困難，說話與吞嚥也很吃力。有時我看著他，會覺得他的靈魂被禁錮在僵化的身體裡，我為他感到悲傷，卻一點忙也幫不上。我不禁想問上帝，為什麼要讓一個如此聰明的人得到這種病，太殘忍了。衣信變得愈來愈無法用大腦控制自己的行動。

大兒子冠銘在匹茲堡大學拿到醫學博士後，曾在佛羅里達州和加利福尼亞州擔任家醫科醫師。我第一時間打電話向他求助，當他聽到父親的病，很快辭掉醫院的工作，回到費城指導專業看護如何照顧爸爸，同時陪伴著我一起經營蘭苑。

在冠銘的協助下，我們為衣信尋覓到一位來自紐約、很專業的男看護，請他住進我家照顧衣信，冠銘還指點他如何幫衣信做復健，包括走路與運動，努力讓退化的速度延緩。

從這一刻起，方寸大亂的我接連做錯許多事，就像是無法思考般，接到球就趕緊扔出去，看也不敢看一眼，更談不上深思熟慮。

冠銘的回歸讓我踏實了些，畢竟他是醫生，知道如何照顧病人，也曉得疾病的進程，能幫助我們面對每一次突如其來的狀況。但因為我的求助，打亂了他的人生節奏，這一點，我對他很愧疚。

冠釗這時已與來自台灣的周依白（Liz）組織家庭，搬回費城進入證券金融業。他經常帶著妻子與孩子回來探望爸爸，看到小孫女，衣信的心情會特別好。

儘管我與波哥大簽了十年合約，綏蘭餐廳每年帶給我幾十萬美元的收益，但我在二〇〇六年主動提出解約。我深知綏蘭餐廳之於賭場和酒店的意義，不能因為個人因素而辜負對方的信任。執行長告訴我，他覺得彼此的合作是成功的，並禮遇地提出，可派司機接送我上下班通勤，但我向他坦言衣信生病後，我幾乎無暇他顧，這對綏蘭餐廳並不公平。詳談之後，執行長尊重我的決定，無條件與我解約。

事後回想自己的反應，我是想把身邊的事一一放下，專注於衣信的健康，能有多一點時間陪他。在慌亂無措的情況下，很多事物我都不想要了。

衣信卻希望我去忙餐廳的事，不要繞著他轉，更不要太傷心。我尊重他的想法回歸蘭苑坐鎮，拚命找事情讓自己忙起來，避免胡思亂想。

二〇〇六年底，我在住家附近的郊區開了一間「蘭苑美食廚房」（Susanna Foo Gourmet Kitchen），這樣，我就可以忙裡抽空經常回家探望衣信。蘭苑美食廚房走平價家常菜路線，約有一百五十個座位，可惜並不成功，衣信過世幾年後，我在二〇一四年將它結束了。

悲慟摯愛離世，沒有他就沒有蘭苑

衣信生病之後不想住院，所以一直在家休養，定期回診。我很慶幸當初搬進郊區這個大房子，因為空間夠大，足以讓看護也住進來，同時還能為衣信營造合適的居家空間，在家也能做復健。他的神智始終清醒，但走路相當不穩，總是跌倒。每晚餐廳忙完回到家，我會陪他說話，聊起蘭苑的大小事。

離別的那一天，終究還是來了。

衣信在家的最後一天，不小心從床上摔了下來。我們緊急將他送往醫院，然而，卻再也沒等到他醒來。

衣信離開世界，卻沒有離開我，他住進我的心裡，用另一種形式繼續和我做夫妻。此時此刻我還會想，如果他看到我寫這段話，應該會笑出來，我能想像他的表情。

面對丈夫過世，外人都說我很堅強，看起來很冷靜。其實我內心起了暴風雨，我已分不清是不平、悲痛，還是憤怒。衣信發病時才六十五歲，從無慢性病，但一發病就讓人措手不及，而且是一個讓醫師束手無策的病，只撐過三年。

我們只能有四十二年的夫妻緣分，這是我最遺憾的事。他在我與兒子心目中是大樹般的存在，即便兒子倆長大都能獨當一面，他們依然很崇拜爸爸，爸爸是他們心中的楷模。

衣信過世的消息登上當地報紙，近百人到殯儀館致敬並參加他的葬禮。隨後，我和兩個兒子在蘭苑設酒席謝謝所有前來致哀的朋友。

婆婆是在衣信過世的前一年走的，我慶幸她不必忍受喪子的痛苦。我的婆婆張萬喬，生於一九一四年，卒於二〇〇八年，享耆壽九十五歲。公公生前說過，衣信是他們家最聰明的孩子，凡事看得清、看得遠。他慷慨大方又不拘小節，而且愛看書，在費城開餐廳後，他買了大量有關歷史、哲學和酒類的圖書回來閱讀，努力不懈鑽研世界各地名酒，從門外漢變成酒類專家。

一九八九年蘭苑打響名氣後，他要求顧客穿西裝，使餐廳走向高級；後來在波哥大賭場開綏蘭餐廳，也是他的睿智決策。

我們兩個門外漢一腳踏進餐飲界，幾十年來吃了不少苦，若非他在關鍵時刻做出重要決定，我們不會有後來的成就，雖然我經常抱怨，最後都聽他的。

我的丈夫傅衣信，生於一九四二年，卒於二〇〇九年，享壽六十八歲。我知道他一生愛我至深，他是我此生摯愛。

衝動賣掉蘭苑餐廳，是我一生最悔恨的決定

回想出售蘭苑的過程，我至今仍無法理解自己為何會做出這個決定。那時頻頻收到投訴和抗議的信件，抱怨蘭苑餐廳的做法，這些小事本可以不予理會，但

當時的我已承受不住更大壓力；合作二十年的律師和房地產商勸我趁現在知名度高，乾脆把餐廳賣掉算了。

就像得了失心瘋，在衣信過世後不久，二〇〇九年我糊里糊塗把蘭苑餐廳賣掉，在悲傷慌亂下所做的這個決定，讓我這輩子追悔莫及。

事實證明，衣信生病後，我所有的決定都是錯誤的，例如離開波哥大酒店的綏蘭餐廳、去開不成功的蘭苑美食廚房、賣掉用心經營的蘭苑餐廳，每個決定我都沒用心思考，少了衣信替我把關，我漸漸失去從前的敏銳。

冠銘反對我出售蘭苑，可惜我沒有聽他的勸告，只覺得萬念俱灰，不想再心煩了。那是我今生最愚蠢的決定，若沒賣蘭苑，我會更快走出悲傷。

我應該堅守住自己的領地，接受挑戰，無論後續的結果是好是壞，都該迎戰而上。很遺憾，我明白得太晚。

關於衣信與我之間，好友曾經這樣描述，我覺得很有道理，她說：「衣信是有遠見的人，如果沒有他，妳成為不了今天的妳；而妳是有執行力的人，如果沒有妳，他也周全不了事業與家庭。」

我想，我們是相輔相成的互補型夫妻，不計較太多，就這麼一起走了大半輩子，只可惜，這緣分還是太短。

蘭苑餐廳的香酥鴨

香酥鴨是湖南傳統名菜，儘管做起來有點費工，但非常美味。我常看婆婆做，也在一些湖南館子吃到過，漸漸衍生出想法而做了一些調整。受羅素．鮑姆社長之邀，第一次為費城法國國際美食協會辦酒席時，菜單上就列出了這道菜；後來在蘭苑餐廳，我所改良的香酥鴨成為最受顧客歡迎的主菜之一。

考量美國人用餐時不習慣吃到骨頭，我會先將半隻鴨去骨，塗上濕的馬蹄粉。上菜之前，以熱油炸脆鴨皮，切片後放上大盤擺好，搭配時令青蔬，而澱粉菜則採用芋頭或馬鈴薯泥搭配，就成為一份營養均衡又好吃的香酥鴨。

材料一

鴨1隻，約2.2公斤，洗淨並去除多餘的肥皮

油2湯匙

蒜頭3顆，用刀壓碎

生薑1小塊，切成薄片

花椒1茶匙

八角4顆

桂皮2小片

紹興酒1杯，可用威士忌或白蘭地取代

醬油1杯

水2公升

材料二

馬蹄粉（荸薺澱粉）1/2杯

水1杯

白醋1茶匙

作法

1. 用中型厚鍋，加入油、蒜頭、生薑、八角、花椒、桂皮炒香約5分鐘，再加入酒、醬油，轉中火拌抄2分鐘。

2. 慢慢放入整隻鴨，鴨胸朝下，煮10分鐘；翻面將鴨胸朝上，加水淹過鴨子，蓋上鍋蓋，以小火慢煮1.5小時。

3. 關火，小心取出鴨，讓鴨胸向上，置於架上放涼後，用保鮮膜包好，放入冰箱冷藏室。

4. 過濾煮鴨的滷汁，將渣滓丟棄，鴨滷汁放入容器內保存。

5. 隔日將鴨從冰箱取出，對半切開去骨。鴨經過冷藏後比較容易去骨，可保持半鴨完整不破碎。

6. 在小碗中加入馬蹄粉、水及白醋，充分拌勻後，用毛刷慢慢將混合液塗滿全鴨。馬蹄粉會沉澱變硬，需不停攪拌。

7. 取中型鍋，加入半吋深的油，加熱到攝氏160度左右。放入半隻鴨，鴨皮朝下，煎至金黃酥脆，取出置於架上瀝油。再煎另外半隻鴨。油冷卻後過濾。

香醇的鴨汁為香酥鴨
畫龍點睛！

香酥鴨汁

我為蘭苑的香酥鴨特別製作了香醇的鴨汁，成為這道菜不可或缺的美味配角，也讓吃過的客人都牢記住它的滋味。煮鴨滷汁保存前務必先過濾，橘子汁和柑曼怡香甜酒讓鴨汁的味道更富層次感。

以熱油炸脆鴨皮，搭配時令青蔬，就是一份營養均衡又好吃的香酥鴨

材料

煮鴨滷汁1/2杯

橘子汁1/4杯

太白粉1茶匙

柑曼怡香甜酒2湯匙，可依個人口味增減

新鮮柑橘片2至3片

作法

1. 取小型鍋，放入煮鴨滷汁、橘子汁、太白粉，以小火煮10分鐘。
2. 加入柑曼怡香甜酒，拌勻後倒入小碗。

擺盤

1. 先切取鴨腿和鴨翅膀，再將鴨胸縱切成半吋（約1.3公分）寬。
2. 在大盤中先舀入3湯匙鴨汁，放上鴨翅及鴨腿，再排上切好的鴨胸肉，最後加上新鮮柑橘片裝飾。

第七篇

反思我的意外人生

2009～

沒有事業心的我，因另一半而走上不同道路

一九四三年出生的我年逾八十，回顧倥傯一生，恍如大夢。

我是個沒有自信的人，除了愛好美食與花草、能吃點苦、做事有始有終之外，無法裁斷果決。做為一個沒有企圖心的女孩，我原本期望的只是嫁個好丈夫，做個幸福的家庭主婦；但父親期許我不要虛度人生，他告訴我：「人生在世要做出一些貢獻。對人，記得做一個真誠的人；對事，記得把事情做徹底。」兒時庭訓我從未忘懷。

世上女強人無數，但我不屬於其中，我沒有事業心，只要能將家人照顧好，我就滿足了。然而上帝自有安排，我這一生有太多經歷超乎意料，我本容易猶豫不決，卻因衣信的鼓勵，不斷跨出舒適圈，方能斬獲不同的風景。

「如果沒有遇見你，我將會是在哪裡？日子過得怎麼樣？人生是否要珍

惜？」那首〈我只在乎你〉所唱的，也曾是我所想。我客觀思考過，若沒跟衣信相識、相戀、結婚，我的人生會有什麼不同？我應該還是會去美國，因為當年社會氛圍崇尚出國深造，父親始終鼓勵我們去看看強盛國家的進步。我大概不會繼續攻讀歷史，高機率仍會選擇圖書館學，那是時勢所趨。

若沒有他，後續的人生，我會不會成為廚師？我覺得很難講，當上帝要一個人走上某條路必有辦法。但我很確定一件事，即使我成為廚師，若非衣信，我不可能和波哥大酒店合作開設綏蘭餐廳，也沒勇氣接下挑戰。當初，整個洽談過程全由衣信負責，我願意嘗試也是因為他的鼓勵，更微妙的是，他沒打算插手綏蘭餐廳，而是讓我獨當一面，每回送我去大西洋城，車子開到酒店門口隨即折返。我猜，他在表態會全力專注蘭苑，想讓我放心。

回顧牽手一生，我們的感情多數時刻很好。市區湖南餐廳一度讓他壓力很大，我也感到痛苦，但我們一起熬過並獨力經營。走過一九七九至一九八七這段最艱辛的歲月，我和他之間不只是夫妻之愛，還有同舟共濟的革命情感，兩人的心變得更靠近；而蘭苑開張後，能完全按照自己的意願去做事，我們共同決策、齊心打拚，他有美酒我有佳餚，我們是生命共同體。

衣信是我的人生伴侶，是我事業的合夥人，更是我今生最大的倚靠。他走之後，我除了靠過往的回憶支持自己，兒子也是他留給我的生命禮物。我感謝上天，讓我成為衣信的妻子，成全這一生緣分。

「媽媽，我生病了，醫生說是ＡＬＳ。」

我的小兒子冠釗從小樂觀開朗，人緣極好，他很會交朋友，比我們更西化。史丹佛大學（Stanford University）畢業後，他很快就成家了，他與Liz從戀愛到結婚，那份甜蜜令我想了都開心，看著兩個孫女和一個小孫子出生，帶給我這個奶奶很大的安慰。

衣信過世不久，我糊塗賣掉蘭苑後，冠銘與冠釗一家成為我的心靈寄託。我告訴自己：「就看著兒孫幸福吧！日子會一天天好起來的！」

二〇一五年十月的某一天，冠釗打電話給我，說他和Liz要一起回來看我，我內心滿是喜悅，但在這一天，我的心靈寄託崩塌了。冠釗告訴我：「媽媽，我生病了，醫生說是ＡＬＳ。」看著這對年輕人，我腦中一片空白。

冠釗口中的ＡＬＳ，就是「肌萎縮性脊髓側索硬化症」（Amyotrophic lateral sclerosis），也就是俗稱的「漸凍症」，屬於運動神經元疾病。我完全不懂ＡＬＳ，他們親自為我解釋，我心碎了。他還如此年輕，才四十三歲，最小的孩子Kent還是小寶寶。我不禁問上帝，這公平嗎？難道我又要失去親人？

冠釗生病期間，幾乎每天都有人來探望他，他從小就與人為善，同學、朋友、同事、同好，大家都喜歡他，他往往是團體裡的開心果；即使病中朋友來

我最親愛的家人：衣信、冠銘、冠釗

訪，他依然開朗地與大家說笑，彷彿只是生了一場小病。我不斷祈禱，希望他的病情不要惡化，能留在這個世上。Liz很堅強，把家庭和孩子照顧得很好，我也盡量想參與，冠釗每週進市中心看醫生，我和冠銘一起陪他吃飯，每週兩天我會帶菜去他郊外的家探望。

冠釗發病從左手肌肉開始麻痹，愈來愈使不上力。肌肉萎縮的部位漸漸擴大，進展至右手，隨後到兩條腿，最後蔓延全身。到二〇一八年底時，他開始需要坐輪椅，而此時距離醫師宣布確診也不過三年。做為一個母親，我親眼目睹小兒子由完全健康退化到無法自理。我不禁要問：生命的本質難道是不斷失去？我祈求神放過我的孩子，讓他活下去。

SuGa餐廳的誕生，是母子的新起點

大兒子冠銘當初為了父母而辭掉醫師職務，回費城進入蘭苑幫我。餐廳裡有專業經理人，酒吧也建立了制度，他在幫忙中不斷成長，比較遺憾的是，我當時沉浸在丈夫生病的悲傷中，事後反省才想到，我應該安排他去上廚藝學校，無論

學習廚藝或管理經營都好。

冠銘不想再回醫院當醫生，基於我對他的愛及虧欠，二〇一六年我決定幫助他創業，在費城市區三森街開了一間有八十個座位的「SuGa餐廳」，希望他慢慢重建生活。SuGa這個字，其實就是Susanna和Gabriel的組合，代表這是我們母子的新起點。

SuGa餐廳內有一幅很美的壁畫，每當記者或攝影師來訪都會駐足欣賞，那張畫登上許多媒體。那是一個蒙古女子的畫像，由費城一位畫家所繪。我生在綏遠省，就是後來的內蒙古自治區，而我的外婆是蒙古女子，我的母親在馬背上長大，這正是我與蒙古的連結。

SuGa的誕生與結束都是我提議的，冠銘始終沒有二話，從二〇一六到二〇一九，這間餐廳稱不上成功，卻是我們人生一個階段的調整。

SuGa以平價的中國家常菜為訴求，很受當地居民青睞，有許多家庭顧客，很多蘭苑的老朋友也回頭捧場。SuGa給媒體的印象很好，記者們給予的評價很高，有人關注我在衣信離開後是否可以重振。SuGa的營業狀況很不錯，孰料房東不斷提高房租，已到了令我們不堪負荷的程度。我提議結束SuGa，不想任房東予取予求，另一方面是真的想退休，想花多點時間照顧冠釗。

但是上天跟我開了一個玩笑。

次子離世、新冠來臨，我與世界都按下暫停鍵

二〇一九年就在我宣布退休的隔天，冠釗一早起床就不太對勁，Liz叫喚他都沒有反應，於是緊急將他送醫，但他始終沒有醒過來。八月份，在我退休不到六週的時候，就嚐到喪子之痛。

當初面對衣信的離世，我是憤恨不平的，頻頻問上帝為何把他從我身邊奪

走。此刻面對冠釗的過世，我卻像洩了氣一樣，我的心碎了，這才懂得何謂大悲無淚。

冠釗的離開成為壓垮我的最後一根稻草，我的世界停止轉動，外界的人事物都進不了我的眼、我的耳、我的心。無分日夜，我腦海不斷出現冠釗的身影，他剛出生紅通通的模樣、整天笑咪咪從來不哭、大家覺得他可愛總叫他豆豆、小寶寶滑著學步車追在哥哥身後、小男孩充滿自信在清華教授宿舍逛大街、在瓦爾帕萊索的第一家幼兒園裡縮成一團、讀私立中學時打球的身影、史丹佛大學畢業典禮上的春風得意、婚禮上擁著Liz甜蜜親吻、抱著第一個孩子恭喜我當奶奶了、跟我說他生病了，以及他緊閉雙眼沒有再醒來的樣子。

直到有一天，我在住家中清醒了過來，那一瞬間，我像恢復了聽力，忽然聽到外界的聲音，知道自己還活著，重新找到自己跟世界的連結。

我木然打開電視，新聞報導著新冠疫情（COVID-19）在全球肆虐，哪一國接近鎖國、哪一國買不到疫苗、哪一國死亡率多高、哪一國的大學宣布停課、哪一國缺乏貨櫃以致貨輪無法出航……。

我忽然發現，新冠也讓這個世界幾乎暫停，以致放空的我沒有顯得太突兀，這個感覺就像原本須請病假卻發現學校當日停課。這場重創世界的疫情，彷彿給了我理所當然的休息時間，讓我的心慢慢沉澱，直到恢復平靜，重新跳動。

我的心開始覺醒，宛如倒帶，從成為冠釗的母親開始，一路退，一路退，退回我懷著孩子，退回我當新娘，退回讀大學時的喜悅和平靜、讀高中時的解放與自在、讀初中時的少女心思、讀小學時的快樂洋溢，我回到中國大陸時期的那幾處住所，有租界洋房、有大炕的四合院，回到咀嚼糖炒栗子的市街，牽著父親的大手，以及被母親抱在懷裡的襁褓時期。

清醒後，我振作了起來，開始珍惜生活中的小確幸，不再大喜大悲，我知道自己正在修復中。

我還能做些什麼？做菜是我的終生志業

隨著疫情的來襲，這三年我都在家看書，在院子種花，每個星期為三個孫子做做飯。這三年是我在美國生活以來，最平靜的日子。我的兒媳是賓州大學華頓商學院（The Wharton School）企業管理碩士，冠釗倒下後，她重啟職場生涯，如今工作得很順利，我若得空便肩負起奶奶的責任，她家距離我只有五至十分鐘的車程，我可以給孫子們送關愛，為他們做好吃的，帶領他們品嚐食物真滋味。這一瞬間，我想起婆婆去站牌等候冠銘冠釗的身影，想起校長做美食送去華盛頓特區給孫子們的那份心，原來我已到了他們的年齡，也活出爺爺奶奶的樣子了。

我開始加入社團，投入許多慈善活動。當初因為冠釗的病，我接觸到ＡＬＳ協會，以病患家屬的身分去學習罕病相關知識，並接受照護實務的訓練。雖然冠釗過世了，世上仍有許多ＡＬＳ病人等待幫助，需要有經費積極尋求新的治療。

我可以替募款團體做飯或參與其他籌款活動，把照顧冠釗的一片心意延伸，對有同樣痛苦的人施以援手。

退休後不斷有單位對我遞出橄欖枝，費城圖書館邀請我去義務教做菜，漸凍人ＡＬＳ協會邀我義務幫忙為他們舉辦十人捐款餐宴；還有很多社團請我安排中國年餐敘，與餐廳廚師洽談約定好菜色後，到餐廳指導他們如何做菜，如此社團成員可享受到一頓愉快滿意的盛宴，餐廳廚師可接受名廚指導和訓練。

A Special Dinner for ALS

The Home of Susanna Foo

Passed Hors d'Oeuvres

Russian Osteria Caviar
Truffled Mini Pork Dumplings
Chinese Eggplant Caviar/ Crème Fraiche
Lobster Spring Rolls
Foie Gras Mousse on Sesame Toast

Dinner

Gingery Kabocha Soup
Roasted Kabocha and Apple

Grilled Maine Lobster on Little Fish Pasta
Fresh Summer Tomato Sauce

Pinecone Crispy Striped Bass
Caramelized Sweet and Sour Sauce, Honey Pine Nut, Gailan

Star Anise Slow Roasted Filet Mignon
Eight Treasure Chinese Risotto, Broccoli Rabe

Dessert

Coconut Tapioca with Mixed Berries
TYKU Nigori Sake Infused Coconut Sauce

Caramelized Figs

Chocolate

Susanna Foo

ALS協會捐款餐宴菜單

「我還能做些什麼？」我不斷思索這件事。我選擇寫自傳，留下自己的故事。我始終相信有緣的人終會相遇，所以看到這本書就是緣分。

做菜是我人生的一部分，就像教授終生執起教鞭、工程師面對結構設計、軍人握著槍桿，同樣自然且義無反顧，這就是終生職志。

幸好，我找到了職志。

反思倥傯一生，我是意外的主廚

主廚或許沒出現在客人面前，卻透過上菜，帶領客人品嚐、影響他們的舌頭，讓他們牢牢記住這道菜，回味久久不忘。每當顧客願意停下來欣賞幾秒擺盤，或看或聞，我都覺得很有成就感；還有年幼的孩子，菜一上桌就忍不住大快朵頤，這令我非常滿足，我最喜歡孩子大口吃飯的樣子。

當有人問我，追求品質好難，您怎麼堅持？我的回答是：「不必想太多，直視事情的本質就好。」我常跟廚師說，不要只想著做生意，先把菜做好才能吸引顧客上門。中國菜講究色香味俱全，練廚藝把這三件事呈現好，就能滿足顧客的視覺、嗅覺與味覺，把每一面做到盡善盡美，這就是追求與堅持。

在一九九〇年代的美國，我是第一個將中國菜做成創意料理的人。曾有記者這麼描述我，我覺得他說進我的心坎裡：

她說話輕聲細語，看起來謙恭謹慎，實際上，這位女士擁有最敏銳的品味且充滿冒險精神。她以新鮮食材為本，將傳統中式作法與經典法式技術融合於一，改變了中國菜的風貌。她的烹飪創作基礎，源自從小伴隨她長大的食物記憶。……在熱情驅動下，在直覺指引下，伴隨每一則美食評論的出現，都能帶給她欣喜。當她擬出一份令顧客鍾愛，又令自己引以為傲的菜單時，這種熱情絕對會令你上癮。這是我們能從食物中品嚐到的語言，來自蘇綏蘭主廚想說的。

我出生於戰亂，卻從小得到父母寵愛，成長過程充滿快樂。到美國結婚生子，一路與衣信互相扶持，各階段有不少貴人相助。縱使生命中經歷波折，屢屢面臨「山重水複疑無路」，最後總能「柳暗花明又一村」。我自認是個幸運兒，出生前，可能被上帝親吻過額頭吧！

我的生命故事與飲食息息相關，很多際遇超乎意料，因此曾有媒體人稱我為「意外的主廚」（Accidental Chef），我覺得十分貼切。不過因為這個美麗的意外，我應該改變了美國人對傳統中國菜的看法，這是我的榮幸。

我始終認為，每一道菜都是廚師向客人獻上的心意，我只把自己喜歡的、得意的菜色，放進餐廳的菜單。對走過高低起伏、年逾八十的我而言，做菜，曾經是我向世界展現自己的方式，如今又進化為一件純粹的喜悅。廚藝，是上天賜予我的珍貴禮物，即使我已退休，即使我只是走進自家廚房煮一碗蛋花湯，這項能力都在照顧著我和身邊的人。

我從人生學習到很多，謝謝與我結緣的至親好友。在我一次次為失去親人而流淚之後，我終於明白，原來人生陪伴我最久的，不是父母，不是伴侶，不是兒女，不是朋友，而是我自己。

至今，我仍會夢見不同年齡的衣信，夢見遙遠的兒時歲月，醒來我自己一人在偌大的房子裡；喜悅伴隨失落，狂喜伴隨悲痛，興盛伴隨式微，這就是我的人生體驗。八十出頭不算太老，我還可以來去台灣與美國，到處旅行，有機會就做菜給大家吃。年紀大的好處是，可以微笑看著很多年輕人努力刻劃他們的人生，從容且適時地給予掌聲或安慰。我願意做個溫暖的長輩。

現在，說完我的故事了。我要去廚房做碗湯，你想學嗎？

我很愛的薑汁南瓜濃湯

綠皮南瓜是我最喜歡的南瓜，在美國市場非常普遍，山西也有出產。記得小時候奶奶常常烹煮南瓜，通常是帶皮直接蒸，或是去皮煮成南瓜稀飯或做成南瓜古來。綠皮南瓜的果肉比一般南瓜甜而濃郁，它的口感及味道會讓我聯想起栗子與番薯。

我喜歡在秋天和冬天綠皮南瓜盛產期做這道湯。這種南瓜外皮深綠且堅硬，料理時將南瓜用水煮五至八分鐘，這樣剝皮就容易多了。

南瓜在烤箱或氣炸鍋中烤過會增加味道的深度。蔬菜濃湯是歐美餐廳非常受客人歡迎的湯品，完全由蔬菜原味煮成。夏天有時會做成冷濃湯，有時在湯上面加貴重的魚子醬，或是酥脆的海鮮。

由蔬菜原味煮成的南瓜濃湯，是歐美餐廳非常受客人歡迎的湯品

材料

綠皮南瓜1大顆，約1.2公斤

洋蔥1大顆，去皮，切絲

油3湯匙

奶油110公克

大蒜3瓣，去皮壓碎

生薑220公克，去皮切丁，加1/2杯水，用果汁機打成薑末汁

椰奶1罐，約400cc

孜然1茶匙，可依個人喜好添加

小茴香1茶匙

肉桂粉1茶匙

水8杯

粗鹽少許

黑胡椒粉少許

學會這道隨時有好喝的熱湯！

作法

1. 將整顆南瓜放入大鍋中，加冷水蓋過南瓜，煮沸後再滾5至8分鐘，皮軟，取出南瓜放在一旁冷卻直到室溫，倒掉水。
2. 煮過的南瓜容易去皮，去掉外皮後，從頭到底對半切。
3. 挖出南瓜籽，將南瓜切片。
4. 在大鍋中熱3匙油，加入洋蔥、大蒜，拌炒5分鐘。
5. 加入南瓜和水，煮沸。
6. 將火調小，加入椰奶、奶油、薑末汁、孜然、小茴香和肉桂粉，攪拌煮50至60分鐘至軟。煮好放在一旁冷卻至室溫。
7. 將南瓜湯分批倒入果汁機中打成泥，加入鹽和黑胡椒調味。放入冰箱，要吃時再加熱，覺得太濃稠可加水稀釋。

提示

如要宴客，這道湯可以在三天前預先做好，用密封容器冷藏；放入冷凍庫可保存六個月。

附錄 獲獎紀錄

1987　「蘭苑」正式開幕。年底被《君子雜誌》選為「全美最佳十大新餐廳」。

1988　《今日美國》評選為當年度美國最佳女廚師之一。

1989　《Food & Wine吃好喝好》評選為「年度十大最佳新廚師」，成為費城第一位拿到這項榮譽的廚師。

1992　*Eating Well*雜誌選為全國最佳中餐廚師。

1994　入選《費城雜誌》最佳費城名人堂。

1996　第一本食譜書*Susanna Foo Chinese Cuisine: The Fabulous Flavors and Innovative Recipes of North America's Finest Chinese Cook*《傅蘇綏蘭的中國菜：北美最佳中國廚師的美妙風味與創意食譜》（1995），獲詹姆斯．比爾德基金會獎的「國際食譜獎」。

1997　獲詹姆斯．比爾德基金會獎的「最佳主廚獎」。

詹姆斯．比爾德基金會評選「蘭苑」為美國東部最好的餐廳。

「蘭苑」獲《國家餐廳新聞》之「高級餐廳名人堂獎」。

1998　《紐約時報雜誌》封面專題報導「蘭苑之於美食界的重要性」。

1998　至2005年，「蘭苑」連年得到《福布斯旅行指南》的四星級獎。

1999　獲羅伯特・蒙大維推薦成為全美國六位烹飪卓越獎得主。

2004　與大西洋城波哥大賭場合作開設的「綏蘭」（2003），獲《君子雜誌》選為「全美最佳十大新餐廳」。

2005　「蘭苑」獲美國酒店科技學學會（American Academy of Hospitality Sciences）五星級鑽石獎。

出版第二本食譜書*Susanna Foo Fresh Inspiration: New Approaches to Chinese Cuisine*《傅蘇綏蘭的創意靈感：中國菜創新料理》，獲「美食家世界食譜獎」頒發「最佳亞洲食譜獎」。

2006　第二本食譜書獲《食藝雜誌》九月刊「銀勺獎」。

2007　「蘭苑」獲《葡萄酒愛好者》（*Wine Enthusiast*）雜誌選為「葡萄酒愛好傑出餐廳」。

2008　被《今日美國》譽為美國最佳中日餐廚師。

2022《費城詢問報》專頁介紹。

2023「法國國際美食協會」雜誌特別報導。

國家圖書館出版品預行編目（CIP）資料

意外的主廚：蘇綏蘭的創意料理與人生故事 / 蘇綏蘭著. -- 初版.
-- 臺北市：遠流出版事業股份有限公司, 2024.11
面； 公分
ISBN 978-626-361-974-6（平裝）

1. CST: 蘇綏蘭 2. CST: 傳記 3. CST: 烹飪

783.3886 113014810

意外的主廚

蘇綏蘭的創意料理與人生故事

作者——蘇綏蘭
文字協力——陳培英
主編——曾淑正
美術編輯——陳春惠
封面設計——張小珊
企劃——葉玫玉

發行人——王榮文
出版發行——遠流出版事業股份有限公司
地址——台北市中山北路一段11號13樓
電話——(02) 25710297 傳真——(02) 25710197
劃撥帳號——0189456-1

著作權顧問——蕭雄淋律師
2024年11月1日 初版一刷
售價——新台幣480元
缺頁或破損的書，請寄回更換

ISBN 978-626-361-974-6（平裝）

遠流博識網 http://www.ylib.com E-mail: ylib@ylib.com